上海同济城市规划设计研究院有限公司 · 城市与社会研究中心
同济大学社会学系　　主办
中国社会学会社会地理学专业委员会

2021 社会地理学评论

SOCIAL GEOGRAPHY REVIEW

朱伟珏　主编

同济大学出版社 · 上海

主编及主持人介绍

朱伟珏　出生于中国上海市，1989年赴日留学，获得日本名古屋大学社会信息学博士学位。2002年回国，同年进入同济大学社会学系工作。同济大学社会学系教授，2009—2019年担任同济大学社会学系主任。现任中国社会学会社会地理学专业委员会理事长、中国社会学会理事、上海社会学会理事等职。

主要研究方向：城市社会学、文化社会学、理论社会学。已出版《布迪厄"文化资本论"研究》《全球化、绅士化与后空间》《上海社区研究与社区规划》《可持续与包容性发展——全球城市的多元实践》《社区、空间、治理》等八部专/编著；发表《超现实主义与精神分析学》《中国的后现代主义思潮》《资本的一种非经济学解读——布迪厄文化资本概念》《象征差异与权力——布迪厄的象征支配理论》《权力与时尚再生产》《消费社会与自恋主义》等数十篇论文。

此外，长期致力于城市治理与更新方面的田野研究，并积极参与相关实践项目，已在上海南昌路街区进行了长达九年的田野调查，负责制定了《南昌路店招店牌导则(2019)》，组织并策划了三届"活力南昌路文化艺术季"及数次南昌路国际学术研讨会；积极推动城市研究领域的国际交流与合作，策划并主持了近十次大中型国际论坛与工作坊、二十余次国际学术讲座和小型研讨会，与美、法、德、日、韩等国的著名城市问题研究者建立了长期的合作关系。

社会地理学评论·2021

卷首语

2020年，是不平常的一年。这一年我们经历了新冠肺炎疫情的考验，也经历了因疫情而带来的各种变故。“社会地理学评论”原定于2020年出版，因疫情的影响而中断，所幸能在2022年和读者见面。“社会地理学评论”由“城市社会学评论”改名而来。自2013年起，同济大学社会学系陆续推出了“同济社会学评论”系列丛书；2017年，为了凸显同济大学社会学系城市研究特色，将丛书名变更为“城市社会学评论”；2019年1月，由同济大学社会学系牵头的“中国社会学会社会地理学专业委员会”获得中国社会学会正式批准成立，同时同意将“城市社会学评论”更名为“社会地理学评论”，作为社会地理学专业委员会的会刊。

“中国社会学会社会地理学专业委员会”是一个全国性学术团体，理事单位包括同济大学社会学系、复旦大学社会发展与公共政策学院、中国人民大学社会与人口学院、华东师范大学社会发展学院、华东理工大学社会与公共管理学院、上海市社会科学院社会学研究所。专业委员会理事成员来自清华大学、复旦大学、中国人民大学、交通大学、华东师范大学、华中科技大学、华东理工大学、中国社会科学院、上海市社会科学院、北京市社会科学院等20余所高校与科研机构。会刊的出版，不仅对“社会地理学专业委员会”的建设具有极为重要的意义，而且将在很大程度上推动社会学领域社会地理学的发展，并为不同领域、不同学科间的跨学科研究和交流提供重要的学术平台。

社会地理学(Social Geography)是一门研究在特定空间地域内，群体和个体从事社会活动的特征及其规律的学科，具有跨学科特点。社会地理学可以划分成社会学视角和地理学视角。社会地理学一词最初由地理学科所提出，并成为一门新兴的分支学科。20世纪六七十年代，地理学经历了一次较大的思想转向。随着西方从工业社会向消费社会的转型，以及法国1968年“五月革命”的出现，强调社会公平公正与人类福利的一些社会学理论与思潮被大量引入到地理学研究之中，社会地理学迅速发展了起来。早期的社会地理学主要关注城市(种族)隔离的测度、社会不平等的空间模式等与社会学有着紧密联系的问题。20世纪八九十年代起,社会地理学研究发生了很大转变,开始关注"文化"对空间的作用。受后结构主义、文化研究、女性主义及后现代主义等理论的影响,社会地理学将空间置于权力、认同、性别及流动性规制的分析框架之下进行研究。

再者,社会学本身就是一门因工业化和城市化而产生的学科。社会学向来关注物质空间与社会空间的相互作用,在强调人对空间塑造的重要性的同时,也关注物理空间对人的社会活动的影响。从狭义的角度讲,城市社会学是社会学视角下社会地理学的主要研究领域,其研究范畴包括一切与城市空间有关的社会现象与社会问题,如城市社会—空间结构、社区、移民、空间的社会分异、城市区位研究、都市生活方式、都市文化、城乡差异,以及各种与都市有关的问题,并将重点放在如何实现社会公平公正,如何消除包括由各种空间差异带来的不平等上。也就是说,社会学视角的社会地理学是一门"主要研究社会不平等、社会空间差异机理和构建社会空间作用,尤其重视影响人们生活的福利问题以及导致社会和空间不平等乃至社会压迫的权力形式"①。

可见,两种不同视角的社会地理学存在很多相似之处,都以物质空间与群体及个体的关系,以及由此产生的一系列社会—空间结构的变化作为主要研究对象。尽管如此,二者还是存在一些重要差异。较为重要的差异体现在以下两个方面。首先,学科定位不同。地理学本质上是一门研究空间、地方、景观或自然环境的学科。地理学视角下的社会地理学在研究社会—空间问题时,把空间作为研究的重点,侧重社会对空间形成与变化过程的影响;而社会学视角下的社会地理学,则把人与社会作为主要关注点,强调特定空间对社会结构的建构与重构,以及人类社会活动的影响。其次,地理学视角下的社会地理学除了大量借鉴社会学理论之外,还深受文化研究、人本主义理论和后现代主义理论的影响,其研究十分强调从文化的角度解释空间结构变化,探究社会空间的可能性及社会文化的意义与价值。进入21世纪以后,社会地理学研究开始涉及"互联网改变公共空间和私人地理及其政治之间的关系,城市空间中文化与行为的差异性和多样性,地方的绅士化与地方主义及其认同,性别、时尚及文化与经济的关系,地理网络的移动与流动性"②等议题。

---

① 顾朝林.城市社会学[M].南京:东南大学出版社,2002.

② 郭文.西方社会文化地理学新范式的缘由、内涵及意义[J].地理研究,2020(3):516.

与此不同的是，以上已经提及，社会学对空间的关注，则主要聚焦于空间与社会的相互形塑作用，尤其关注社会的公平与公正性，其研究除了仍然集中在空间分异、移民、社会分层与流动、社区等传统领域外，近年来，社会治理、城市更新、乡村振兴、都市文化以及绅士化等问题开始逐渐成为社会学视角下社会地理学的研究热点。有必要指出的是，有关于都市文化及社会地理的文化社会学研究，所关注的仍然是权力与社会不平等。

《社会地理学评论·2021》继承了此前的《城市社会学评论·第一辑》，共开设研究论文、研究述评、工作坊和学术讲演四个栏目。“研究论文”共收录了七篇论文，论文作者既有国内外知名城市社会学家，也有社会学专业的硕士研究生。他们分别从全球化、社会分层与流动、都市公共空间等视角入手，对社会地理问题进行了深入考察。“研究述评”栏目收录了《场景》（社会科学文献出版社，2019年）一书的译者——中共北京市委党校社会学教研部吴军副教授的书评。“工作坊”则收录了2018年11月由同济大学社会学系主办的“城市更新与多元治理”工作坊的全部内容。此次工作坊的地点放在了上海中心城区南昌路，既是为了提升学术研究对上海这座城市的治理与更新的关注度，同时也希望以此促进作为文化街区的南昌路的发展。法国著名社会学家劳伦斯·罗兰-伯格（Laurence Roulleau-Berger）教授受邀参加了此次学术研讨会，并作了题为“城市与情绪：暴力、恐惧与团结”的发言。同济大学社会学系张俊副教授和陈晋副教授也分享了他们的研究成果。“学术讲演”收录了本人在“城市与社会国际学术论坛·后空间社会学系列讲座　第二期”的讲演稿。讲稿主要以布迪厄趣味社会学为视角，探讨上海中心城区的绅士化进程等议题。

社会地理学是社会学与地理学的交叉学科，其作为一门重要的社会学分支学科才刚刚起步。尽管社会学的空间研究已经积累了十分丰富的经验，但如何在坚持跨学科合作研究的前提下，在社会学领域里确立社会地理学科的独立地位，建构一整套符合中国国情的社会地理学学术体系，还有很长的一段路要走，需要学界同仁共同努力。不过，挑战同时也是机遇，“社会地理学评论”的出版意味着我们已经迈出了坚实的一步。

朱伟珏
写作于上海寓所
2021年3月14日

目录

【学术讲演】

研究论文

中国的关键城市:从地方城镇到全球化参与者

陈向明*

摘　要　所有的城市还是一些城市是全球城市？如果城市化已达全球尺度,就很难想象还有不是全球城市的城市或没有全球联系和功能的城市。实际上越来越多的城市学者已认可全球城市尺度、类别和功能的多元化,这已提出如何分析研究城市走向全球的过程和动因的新问题。本文从三个要素的视角对四座不同的中国“关键城市”走向全球化进行比较分析。三个要素的视角为地理位置、路径依赖和地方定位;四座“关键城市”是上海、重庆、义乌和瑞丽。分析焦点是三个要素如何交叉影响四座城市全球化的过程。最后简单地讨论指出文章分析对比全球城市研究的意义。

关键词　关键城市　地理位置　路径依赖　地方定位　上海　重庆　义乌　瑞丽

中国的地理结构所造成的不平衡发展在地区整合上扮演了重要的角色。这种不平衡发展中多样化的地方形态和模式,整体上有益于地区经济与全球化的连接。本文试图从一个组合交叉视角来观察中国不同类型的几座“关键城市”(key cities),如何面对自身的地理位置特点和路径依赖演变的同时,利用定位发展成为连接全球或地区经济的桥梁。

中国在世界舞台上持续增长的国际地位和影响,通常以一些主要城市为基点和载体释放出来。上海市,作为全国的经济贸易中心和最大港口,以及世界通往中国庞大市场的主要门户,它的作用和功能自然远远领先于其他主要城市。因此,上海得到全球商业群体的关注。其股票市场 2015 年上半年

* 陈向明,美国三一学院都市与全球研究中心创始主任和讲席教授、复旦大学社会发展与公共政策学院特聘教授。

和 2018 年秋的波动直接影响了整个国际金融市场。

除上海外,中国其他一些城市也对中国乃至世界经济起到了特殊或关键的作用。这些城市,如西安和广州,在历史和当代经济与文化中扮演了举足轻重的角色。再以深圳为例,从闻所未闻的边陲小镇迅速发展成为中国高科技制造中心。此外,还有些不太知名的中小城市发展成为连接国际市场的地区集散枢纽,比如国际上还不太熟悉的浙江义乌、云南瑞丽这样的城市。

本文重点关注和考察这些关键城市的两个特征:一是作为中国地方经济的驱动者,二是作为连接多样化的中国本地经济与全球经济的桥梁。着重分析前面提到的三个要素对这两个特点的交叉影响,上海、重庆、义乌、瑞丽这四座规模与特点迥然不同但又部分相似的关键城市如何在这两个层面产生与发挥相似的效应和作用。

这四座关键城市是中国城市逐步凸显的全球性与全球功能的不同展现,由此揭示了关键城市是否也是全球城市多元趋势的新标志的问题。改革开放四十多年来,中国城市化在速度和规模方面都是史无前例的,不同形态的城市在相对较短时间内发展成与当代世界经济接轨的门户与桥梁。上海是位于沿海的全方位最有国际影响力的关键城市之一。义乌规模虽比上海小得多,但全球性和单一国际功能超高。重庆和瑞丽则成为内地特大城市与边境小城市同样高度开放和外连的代表。“一带一路”倡仪又促使了更多关键城市的出现,发挥着新的国际化功能。比如霍尔果斯,通过在中国哈萨克斯坦边境合作区建设开发义乌小商品购物中心,快速成为连接中国与中亚、南亚和中东贸易及物流的新枢纽城市。这反映了“一带一路”将推动全球城市垂直结构扁平化、多元化的趋势(Chen, 2018)。这四座城市除了上海正是这一新趋势的代表。

上海:全球城市的底蕴和再现

过去三十年来上海的巨大变化得到重点关注研究,但还可以从另一个角度来观察上海在中国经济发展及融入全球化过程中的自身转变。与其他城市相比,这就是上海最为引人注目且持续不懈地从制造业到服务业的转型(图 1)和从低端服务业向高端服务业的过渡(图 2)。这个双向变化虽然符合大部分顶端全球城市的发展轨迹,又反映了上海嵌入本身历史的路径依赖和不断调整地方定位的交叉影响。

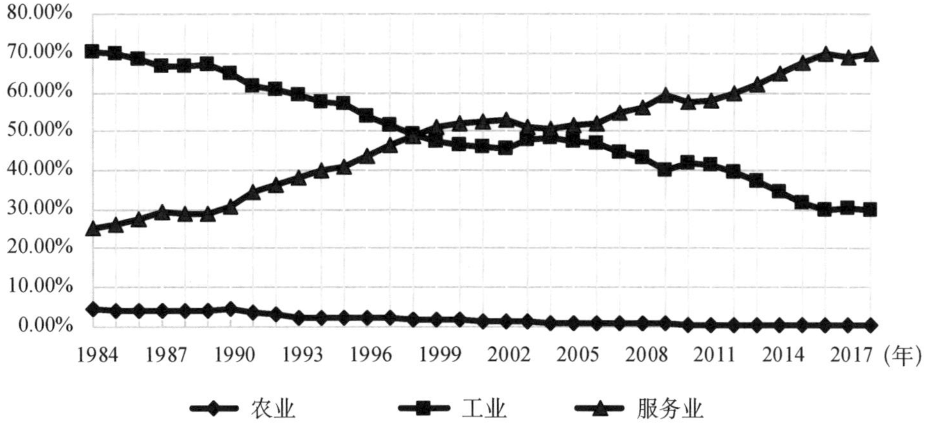

图 1　农业、工业和服务业所占上海市国民生产总值百分比 1984—2017 年

(资料来源:上海市统计年鉴数据及其他网上资料汇编)

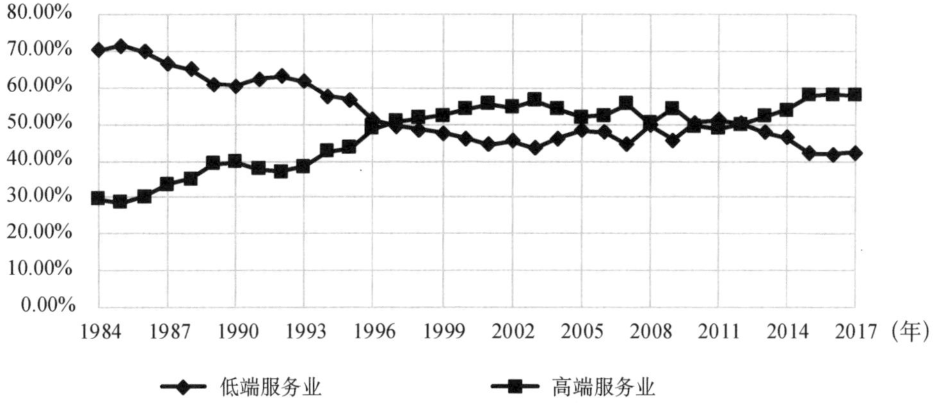

图 2　上海市低端服务业和高端服务业比例变化 1984—2017 年

(资料来源:上海市统计年鉴数据及其他网上资料汇编)

在 1984 年到 2018 年的前一半时间里,受到 1949 年到 20 世纪 80 年代早期的计划经济影响,上海规划建设的目标是成为一个制造业中心。从 20 世纪 90 年代晚期开始的后一半时间里,上海逐渐稳步向服务业经济转型。这个趋势不仅把上海的经济转型置于中国其他制造业城市的前列,还使上海与全球诸多城市一样走上了以服务业为经济主导的转型方向。上海已经走上了把自身建设成为像纽约和伦敦一样的全球大都市的道路。上海服务业所占的生产总值份额已经明显超过了制造业(图 1),它的高端或生产性服务业比如金融业、保险业和房地产业(简称 FIRE)的增长要远远快于零售和民政等低端服务业(图 2)。

这样的转型反映上海受本文前面提到的三个要素的制约和影响。虽然优越的地理位置注定了上海国际连接的关键作用,路径依赖及演变则是上海成为现代服务业主导的国际大都市更关键因素。上海的今天同时折射出大约一个世纪以前的上海。早在 20 世纪 20 年代上海就已经确立了其国际级大都市的地位并且被称为"东方巴黎",仅次于伦敦、纽约、东京、柏林和芝加哥。上海是中国最具有影响力的世界级金融、工业和船舶大都市。从 1886 年到 1930 年,上海几乎包揽了中国一半的对外贸易。截至 1936 年,上海拥有中国一半以上的银行、货币商店及国内外的信托公司(Chen, 2019)。

相比于百年以前的上海,现在的上海重新拥有了与之前相同的经济结构和影响力,这一复兴过程是其路径依赖走向一个全球化城市的演变(图 3)。因为在过去的一个世纪期间,上海在最初繁荣后经历了二十多年的战争混乱时期。1949 年后,上海在大约 40 年的计划经济体制和对外隔绝期间走过了以工业为主的发展道路,不仅为了完成国家所制定的生产指标,还在至 1985 年间受中央政府指派对内地贫困城市进行经济和技术资源的扶持与资助,这也使上海的发展在 1990 年前落后于迅速发展的中国南部沿海城市(深圳、广州等)。

20 世纪 90 年代是上海的"黄金时代"。在中央和市政府的不懈努力下,上海逐渐朝着中国首屈一指的国际化大都市发展。如果说上海在 20 世纪早期就将中国的金融、贸易和航运合并在一起,那么时至今日它依然发挥着相同的作用。上海集体规模的经济实力是通过政府的城市规划以及战略部署建立起来的。2001 年中央批准了"上海市总体规划(1999—2020)"方案之后,上海被正式指定为四个中心:金融、贸易、航运和经济。这四个中心功能实际上可以追溯到 20 世纪 20 年代(图 3)。

然而上海并不满足于目前所取得的成就,成为"科技创新中心"和"文化中心"是上海的下两个目标。在"2040 年上海市总体规划"中,上海将致力成为"六个中心"城市。拥有自己的科研技术,研发属于国人自己的产品,以便提高市场竞争力。而努力成为文化中心则与 20 世纪 20 年代的上海遥相呼应。在当时,除了作为一个经济金融大都市,上海还是国内为数不多的国际中心,这点在当时的戏剧和电影中都有所体现。20 世纪 20 年代上海的戏剧和电影巧妙融合了中西方文化，体现出一种文化兼容与并存的现象，同时也烘托出中国文化的“有容乃大”(图 3)。

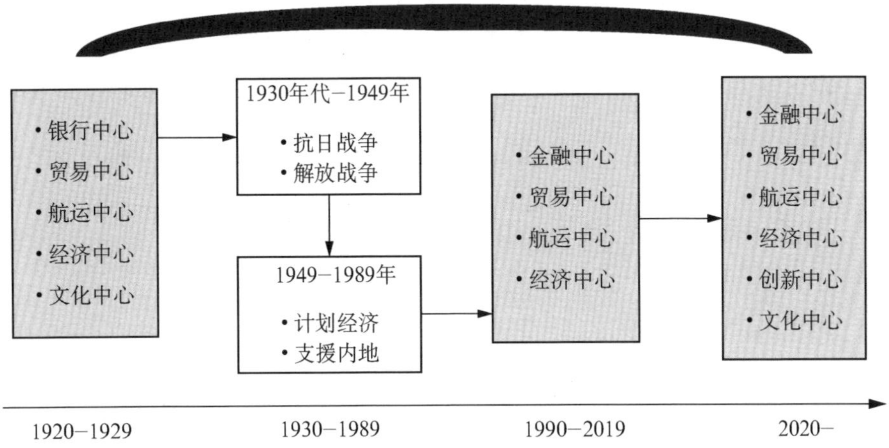

图 3　上海历史、现代和未来的延续及韧性功能 1920 年代—2020 年代

(图片来源：CHEN X M. Shanghai[C]//Orum A M. The Wiley Blackwell Encyclopedia of urban and regional studies, Volume IV. Oxford: Wiley-Blackwell, 2019: 1790-1797.)

“四个中心”也好“六个中心”也好，上海发展的路径依赖还是在不断演变。为了这种演变能带来更好的效果，地方定位发展尤其重要，上海政府在这方面越做越好。上海自贸区在 2013 年成立后不断改革创新，2019 年 4 月成立了离岸中介贸易服务中心，以满足在自贸区立足的跨国公司需求增加，可以帮助这些公司降低物流费用，同时提高跨国公司内中国部门的作用。这些措施促使在上海落户的跨国公司总部增加至七百三十多个，六百多个落户浦东新区，其中 109 个在自贸区的保税区内(CIIE, 2020)。最新一轮地方定位发展反映在上海的“十四五”规划纲要中，加快构建“中心辐射、两翼齐飞、新城发力、南北转型的空间新格局”。其中核心点是加快建设嘉定、青浦、松江、奉贤和南汇五座新城，为上海未来发展构筑新的战略支点，更有效地发挥其全球城市的功能。

从开始提出的三个视角要素看上海发展，笔者认为可以这样排列它们相对交叉的影响。虽然上海的地理位置特点具有先天自然优势，路径依赖演变作用始于上海 20 世纪 20 年代第一高潮发展期，经过几十年的中断后继续恢复其持续影响,使上海在 20 世纪末开始在中国改革开放的大潮推动下再次崛起,延续保持了其早期的主要韧性功能。路径依赖演变不仅给地方定位发展铺垫了持续的基础,也使地方定位有足够的空间和想象力设定更适合路径依赖的积极一面的发展政策和措施,不断改善优化在演变的路径依赖,深层启动原始地理位置的优势。用这种视角看上海也为以下三座走向全球化的城市提供了参照。

重庆:西部的"上海"和内陆国际重要连接城市

从上海向长江上游 1 440 千米,坐落着一座中国西部城市——重庆。作为一个有着超过 3 000 万人口、地域辽阔的直辖市,重庆也许是鲜为人知的世界上最大的城市之一。但实际上重庆和上海有一些历史联系和类似之处,也可以从分析上海的三个视角审视重庆从地方走向全球的发展轨迹和实现的重要城市功能。

如果从历史发展的角度看重庆,它一直屹立于中国主要城市之列,其地位甚至与上海不相上下。1891 年后根据国际条约规定,重庆作为一个内陆贸易港口有了一小片租借地。这与上海在 1842 年第一次鸦片战争后成为一个主要的条约贸易港有相似之处。但重庆却因其靠近长江源头的"山城"地理位置而被长期忽视。在历史上重庆不是一个国际性的城市,这样的状态到 1937 年中国抗日战争爆发后开始改变:1938 年中华民国国民政府迁都重庆。在 20 世纪 40 年代的前半期,作为中国的政治中心,重庆成为仅次于上海的中国内陆最大金融、航空,甚至时尚和文化中心。

1949 年后,重庆的发展可谓跌宕起伏。其上升期是在"文化大革命"时期,中央政府决定将重庆作为集存大量从沿海转移过来的重工业基地的核心"三线城市"。重庆变身为所谓的"小上海",引领全国国防建设和造船业的发展。从上海转移的国防建设和造船业,重庆最终接纳了其中的 122 家企业,以及它们所带来的大量工程和技术人才资源。或许正是因为这些外部资源的涌入,重庆忽略了自身的自然优势,以及凭借长江上游相对独立的枢纽潜力来获得住房、基础设施建设和城市便利建设更平衡的发展。这种从上海获取的援助发展虽然有适应生根的问题,但也为重庆后期发展做了一些路径依赖的铺垫。

重庆真正进入快速发展的时期始于1997年,成为继北京、天津、上海之后被中央政府命名为直辖市的第四个城市。作为直辖市的重庆覆盖面积82 403平方千米,人口数超过3 000万。城市地位的改变使重庆可以作为省级行政区来运作,从而获得了更多的独立性。重庆之后的成长和发展在其漫长历史时期中是最出色的。从1997年开始,中央政府每年会拨给重庆2.4亿元低利率借款用于三峡大坝地区发展,8 000万元用来给搬迁或迁移的居民建设住房,以及从进口税中返还重庆8 500万元用于大坝有关的建设项目。此外,重庆将新外商投资项目的企业税从33%降至24%。对于在经济科技发展区内的外商投资项目,甚至降税至15%。这些政策不仅类似于1980年深圳和1990年上海的优惠政策,也是早期成功政策向西部落后城市地区的延伸(Lestz and Chen, 2010)。

2000年,中国政府颁布了"西部大开发"的政策,把重庆带入从地方向区域和国际转型发展的新时期,使它最终成为位于长江上游不可撼动的经济中心。相对上海作为长江三角经济带的龙头,重庆更像是"龙尾"。为了不辜负这个宏伟的计划,重庆在2007年颁布了"一圈两翼"的总体规划,通过城市核心扩大并渗透到附近二线城市及农村近郊地区,加快城市化和经济发展的速度和频率。这个计划旨在通过加强像万州这样的二线城市及周边建设市政和基础设施,使这些城市有能力接受和容纳更多的农村人口,同时也推动重庆周边相对落后的偏远地区的经济发展。这种政策希望把重庆建设成类似上海带动长三角地区经济发展那样的枢纽。

重庆虽然有意发展与上海相似的全球化连接功能,但处于相对劣势的内陆地理位置,外连面窄,连接机制少,周边又缺少像苏州、无锡、昆山这样的经济实力强的二线城市作外连配合。附近的成都也有庞大计划打造成西部地区的一座国际大都市,而其经济基础也很强,并有四川省的大力支持。面临这种局面,重庆缺乏上海早期形成的路径依赖优势来克服自身地理位置的制约,但重庆政府找到了地方定位发展的突破口。

2009年,重庆市市长黄奇帆带队到美国拜访了惠普公司总裁,提出在重庆建设一个新的信息产业基地,提供80%零部件本土化,低成本劳力和公共实施及优惠政策,方便的交通包括重要的空港和直发欧洲的铁路,还保证三年内每年订购100 000台惠普笔记本电脑。为惠普代工的富士康考虑了种种因素包括广东工人工资上涨和招工困难等,决定和重庆市合作成立"富士康

(重庆)生产基地”，开始大批量生产笔记本电脑(Gao, et al., 2017)。早年参与领导开发浦东的黄奇帆把他的开放眼光魄力和领导能力带到了重庆，这一重大举措对重庆国际化起了决定性的促进作用。

欧洲是重庆笔记本电脑的主要市场，为了出口欧洲更便捷，重庆从2010年开始筹划开通一条货运铁路经过欧亚大陆到欧洲。因为沿线要经过多个国家，每个国家海关都需要来一次关检，五六个国家关检，标准和流程不一，要克服成本高和时间长的障碍。经过国内国际协调协商，2010年11月23日，中国、俄罗斯和哈萨克斯坦三国联合签署了“渝新欧”自由贸易海关协议，这一协议规定：从重庆发出，经阿拉山口途经俄罗斯、哈萨克斯坦的货物，仅需一次海关检查，就可以运往荷兰、德国。2011年3月19日，“渝新欧”国际铁路联运班列首次全程运行，列车载着惠普在重庆生产的电子产品，从重庆团结村始发，走行16天，顺利抵达德国的杜伊斯堡(搜狐，2020)。从2014年起，除笔记本电脑外，“渝新欧”增加了液晶面板、集成电路等高附加值产品，并开始吸收外地运往欧洲的来货，逐步发展到西南周边地区货源约占50%，其他地区约占50%；主要货物品种涵盖笔电产品、整车及零部件、通信设备、机械、汽配、服装、小家电、化工品、食品、冷链、医药及医药器械等数十个大类(新华网，2018)。

惠普落地和启动“渝新欧”打开了重庆走向世界的国门，而且开得越来越宽。2010年以前，重庆国际航班局服务地域仅限于东亚和东南亚，并且要在北京或上海转机。2011年开通了到多哈和赫尔辛基的国际直航。2017年重庆国际机场三号楼启用后，已分别开通至伦敦、迪拜、洛杉矶、纽约、悉尼、墨尔本和罗马的国际直航。随着人力和土地成本在上海及其他沿海城市的迅速上涨，内陆的相对优势和相应招商政策吸引了越来越多的外商和国内生产商向重庆转移投资。“一带一路”倡议使重庆国际连接功能又上了一层台阶。2017年，重庆正式成为中国—新加坡及东南亚连接的“南向通道”的节点(Lin, Sidaway and Woon, 2019)。欧洲制造的机械设备、仪器及工业原材料，由“渝新欧”班列运抵重庆后再经由此班列转运至中南半岛。2018年3月16日，“渝新欧”越南国际班列从沙坪坝区团结村中心站发出，途经广西南宁，再由凭祥口岸出境，直达越南河内。欧洲货物通过这种“铁铁联运”的形式直达越南河内，与以往传统运输模式相比，成本节约了至少1/3(搜狐，2020)。透过文章开始提出的三个视角看重庆，内地的地理位置看上去天然比较劣势,但在地方定位发展的带动下变成后发连接比较优势。历史上路径依赖虽然不强,但如果没有 1997 年后国家政策激励地方定位改变发展方向,当地累积的重工业可能会制约重庆通过发展信息产业走向全球化。和上海不同的是,地方定位发展是重庆从一个关键内陆大城市变成中国西部全球城市的至关因素,把自然的地理位置和早期的路径依赖从发展障碍变成重新组合成的后发优势。

义乌:一座中小又特殊的全球城市

随着上海和重庆这样的大城市在全球化的发展中受到日益增长的国际关注,中国的一些中小城市仍然鲜为人知,尽管它们中间越来越多的城市已经在推动本地及地区发展和促进全球市场连接中扮演着同样积极的角色。义乌就是一个最明显的例子。虽然西方国家听说过义乌的还不太多,但这座城市在世界其他地区特别是西亚、中亚和中东很知名,因为它已经成为当今中国为数不多的、最关键的,以及最全球化的城市之一。作为世界上最大的小商品批发销售中心城市,义乌不仅把中国和那些需要了解义乌的国家及地区紧密地连在了一起,还不断加强了中国与其他包括西方国家城市间的商品贸易关系。

20 世纪 70 年代末 80 年代初,作为浙江省的一个小乡镇,距离上海 300 千米的义乌是中国权力下放和经济改革初期的早期受益者。伴随着更多的地方自治权,地方政府通过精心规划、灵活的政策推动和扶持城市地方经济的发展以及和国际资本与商品市场的连接。深圳和其他沿海城市利用地理位置和空间特色开发工业区,建立工厂,而义乌选择了另一个以商业贸易为主的发展方向,开拓了一条地方经济全球化的新路,为其以后持续发展奠定了正面的路径依赖。

一开始谁也没有想到义乌能最终成为全世界最大的小商品集散中心,它只是浙江金华市中部一个小县城,被山所围,交通不便,具有典型的地理位置恶劣的特点。同时义乌人多地少,农业不发达,当地和周边也没什么工业基础,形成潜在负面路径依赖的发展制约。但 20 世纪 80 年代初任义乌县委书记的谢高华破例允许老百姓在马路边摆摊卖东西,走在全国所有县的最前面,当下雨或下雪时,从“鸡毛换糖”货郎担演变而来的地摊集聚地,到地点相对固定的“马路市场”,由摆摊的老百姓来搭棚子(Fan, 2020)。这个搭棚就是义乌以后成为中国的第一个小商品交易市场的起步形式,启示地方政府致力于促进空间集中的商品专业型市场,以及售卖手工艺品和手工具等小商品的自动售货亭,都为后来在义乌小商品批发市场摆设摊位的小商贩找到了持久生存的空间,同时也在周边建成了一个轻工业加工基地为商业贸易服务。从本文的分析视角看,地方定位发展从一开始就改变了路径依赖的今后走向,摆脱了地理位置的局限,把义乌推上了商业贸易兴市的发展道路。

国际贸易商城设立在由地方政府修建的一座四百万平方米的巨型商场建筑物内。1982 年,这个贸易中心只有 705 个摊位。到 2004 年,摊位数量已增加至 42 000 个,2014 年又增加近 65 000 个(Chen, 2015),目前已达 75 000 个左右,为将近 100 000 个供应商提供服务,展示来自 40 个不同的产业、涉及 2 000 多大类的 400 000 种商品(Wikipedia, 2020)。这种规模的商品交易虽然包括国内业务,但更多的是义乌作为全球核心功能城市带动的国际小商品贸易流通,不仅带来并带动一个全球贸易商网络,而且使这个网络嵌入义乌本土的地方贸易生产网络中。后者包括在义乌常住的 14 000 多名外国商人,他们来自 100 多个国家,加上每年来义乌小商品市场买卖的 40 多万名国际商贩,当中很多来自中亚、西亚的国家,比如阿富汗、伊朗、也门等(Marsden and Ibañez Tirado, 2020)。他们不仅做活了中国义乌和他们本国的小商品生意,而且把贸易流延伸到很多第三国,特别是不少欧洲市场。

义乌地方到全球再回到本土的贸易网络启动增强了对货运物流的需求。2014 年,义乌以“义新欧”开始参与重庆带起的中欧班列,11 月 18 日启动了“义乌—马德里”班列,这条铁路全长 13 500 千米,途经 8 个国家,是世界上最长的一条货运铁路。它起自义乌,穿越中国中部,在哈萨克斯坦连接横贯欧亚大陆铁路,从德国继续延伸到法国,最终到达西班牙马德里。这趟火车只需三周的时间就能完成一趟海上需要 6 周以上的旅程。它也比公路运输更环保。运输相同数量的货物,公路运输产生 114 吨的二氧化碳,相比之下,火车只产生 44 吨,减少了 62%。这条新铁路线扩大了义乌的全球小商品贸易,大大便利了向亚洲和欧洲的商品出口(Chen, 2018)。2014 年后,义乌政府支持增加了多条中欧班列线路,“义新欧”班列在新冠肺炎疫情严重的 2020 年实现了平均每天 3 列、最高 6 列的发运频率,凸显了义乌在全球范围内的广泛经济连接性和影响力。

除了通过增加中欧班列来支持义乌全球小商品贸易,地方政府也为国际商贩扎根当地生活提供了很多方便,包括发放长期签证、筹建国际学校和便利经商活动等。2020 年新冠肺炎疫情严重影响了义乌依赖的外贸出口,地方政府马上采取应急调整措施,在 4 月份派了二十多个工作组到二十多个省大力招商,打开出口转内销渠道;政府官员带头上网直播促进国内网购,减缓了外贸受到大冲击对地方经济的影响。义乌案例反映了小商品贸易主导地方定位发展的逻辑,很早就冲破了地理位置的障碍,启动保持了贸易兴市的正面路径依赖,在国内贸易转向国际贸易为主导后,政府有效调整地方定位,继续大力支持延续有效的路径依赖,采取了积极措施应对疫情的冲击。

瑞丽:从边境小镇到跨境走廊门户城市

本文关注的最后一座城市把我们从沿海地区带到西南部,来到云南省边境城市瑞丽。20 世纪 80 年代,瑞丽还是一个沉睡在中国缅甸边境的古老小镇,如今已发展成为一个关键城市,推动了边境地区发展滞后的经济,并促进了当地经济与邻近东南亚经济体的连接,特别是最近在"一带一路"倡议下成为中缅经济走廊的门户节点城市。

从三个要素互动的视角看瑞丽。

首先,其地理位置随着时间推移有优劣势的转换。瑞丽位于历史上"南方丝绸之路"也是"茶马古道"——去印度和缅甸的必经之路。快速把时间推移到抗日战争,瑞丽又是国际物资援助通过"滇缅公路"进入云南的唯一口岸。这些早期的重要地理位置在 1949 年后开始失落,由于属于西南边境地区,政府投资力度有限,瑞丽小镇缺乏自身发展能力,经济非常落后。改革开放初期,国家聚焦开发沿海城市,瑞丽和内地边缘地区一样发展继续落伍。但作为历史悠久的边贸小镇,瑞丽靠边贸发展的路径依赖的基础已形成。

其次,20 世纪 80 年代末,中国和缅甸边境贸易开放进入新阶段。1992 年,国家批准瑞丽市创建姐告边境贸易区,以促进与缅甸木姐(Muse)的贸易。在瑞丽边贸区内的贸易市场上,开始有来自缅甸、孟加拉国、印度和泰国的小商贩和经销商,出售棉花、玉石、手镯和水产品,市场的主导是来自缅甸的玉石和玉器商贩，延续了瑞丽传统边贸的主体，反映出路径依赖支撑的缓慢发展。

随后，进入21世纪后，国家西部大开发战略给瑞丽带来了前所未有的发展商机，其重要性大大超过了已有的边境市场，开始在西部地区的战略计划中起到更直接和重要的地区性连接作用。2012—2013年，中央政府和地方政府开始执行“云南瑞丽国家级重点开发开放试验区总体规划”，旨在将瑞丽建设为区域枢纽，总计划包括238个项目，例如工业园区和贸易中心，使瑞丽成为与邻近的东南亚经济体互动的聚集地，以及经济合作的门户与走廊，包括从缅甸西部到云南的新石油/天然气管道。新的基础设施投资加强了瑞丽作为日益开放的陆地口岸的作用。2013年12月，瑞丽试验区开始发放跨境旅行的边境通行证，大大促进了跨境旅游的发展，包括中国游客访问缅甸。试验区也成为外国兑换货币的测试区，使瑞丽成为中国第一个能够兑换缅甸货币的城市，也是云南省第一个建立货币兑换中心的县级城市。日益增长的经济机会使瑞丽的人口数从1990年的1万左右增加至2015年的20万（包括流动人口），国民生产总值达86亿元（Song，Chahine and Sun，2020）。

2019年8月，国家把中国（云南）自由贸易试验区德宏片区设在了瑞丽，新试验区占地29.74平方千米，目的是把瑞丽变成一个包括跨境电商、能源合作和金融服务的创新区。这个最新举措不仅要大力超越边境贸易的路径依赖，还要把瑞丽真正建成中缅经济走廊的核心城市。尽管这个目标拔高了瑞丽的发展目标和城市功能，瑞丽2019年贸易量仍占了中缅贸易的66%（Maritime Gateway，2020）。定位高的中缅经济走廊目前还是传统贸易的流通渠道，玉石玉器贸易每年给瑞丽创造价值30亿美元的贡献，占该市国民生产总值的10%以上。瑞丽接壤缅甸的最大镇——畹町镇已成为中国边境上最大的水果市场，每个旺季（10月至次年4月）都有几千辆装满西瓜的缅甸卡车沿着缅甸曼德勒市北上进入畹町（瑞丽）的水果市场，让人不禁联想起七十多年前的“滇缅公路”运输线；来自中国北方的卡车在市场接过这些新鲜西瓜再返回，使北方居民在冬季能吃到优质的缅甸西瓜。缅甸西瓜对中国的出口从2008—2009年的117 799吨增加至2018—2019年的694 844吨（Chen，2021）。

瑞丽受三种要素交叉影响和其他三座城市差别较大，虽然地理位置从历史到现在有过不同的优势和劣势，路径依赖一直持续地影响瑞丽发展，使其基本以特殊边贸为主要增长动力，其中玉石更是最主要成分，水果贸易可以说是排第二位；两种都是缅甸北部盛产的主要出口商品，因为地理位置临近中国云南和中国对这两种商品的大量需求，中国自然成为最大的出口市场，瑞丽也就一直是中国接受缅甸进口商品的门户。在地理位置和路径依赖相互作用的条件下，地方定位又受国家战略导向的约束和指导，还没起到和其他三座城市类似的重要作用。瑞丽虽然有类似义乌的单一贸易功能，但没有义乌小商品贸易的全球流量和影响。今后发展应借助中缅经济走廊的空间延伸贸易渠道，特别是加强当地的加工产业，提高附加值在贸易中的比重，加强扩大地方定位发展逐步改变路径依赖的机会。

总结:四个关键城市对城市研究的意义

尽管在地理、历史和人口规模上存在巨大差异，这四座中国关键城市都已在自身社会经济发展的同时，超越了它们曾经的“地方城市”范围和功能，成为连接中国和当代全球化的桥梁。概括起来，分析这四座中国关键城市有三层重要的国际城市研究意义。

首先，要了解今天的中国及其日益广泛深远的全球影响，我们需要更好地了解中国越来越多的关键城市。这些城市不同的地理位置和路径依赖不仅推动着中国地域的多样性不平衡增长，创造出更多形式的、整体上有益的全球联系。在这一过程中，地方定位发展越发重要，它在不同程度上改变调整了这些关键城市的地理位置劣势和路径依赖制约，使它们能更健康持久地发展，起到更大的桥梁连接作用。我们不再只关注特大城市上海和重庆，尽管它们的庞大规模和经济实力将继续对中国和全球经济产生远比义乌和瑞丽重要得多的影响。但是随着时间的推移，义乌和瑞丽以及更多类似的城市将变得越发重要，因为它们通过自身的特色发展带动周边滞后地区经济，缩小区域间和国家间的空间不平等，成为更多样更广泛意义上的全球化参与者。

其次，相比于上海和重庆这样的特大多元化城市，义乌和瑞丽等中小城市在全球化环境下如何保持并推动地区经济增长面临更艰难的抉择。高度专业化的小商品经济使义乌极易受到全球价格波动和疫情的影响。然而，超越义乌独特的传统实力而寻求经济多样化也是不现实的。作为小型边境城市的瑞丽，如果不能最大限度地为地方定位，发挥其门户城市的特殊优势，与东南亚地区建立更广泛的经济联系，来克服地理劣势和路径依赖制约，将会被锁定在边境贸易的狭窄方向。这些要素的重要性向我们提示城市全球化要回归到一些基本条件，特别是地方（政府）应通过定位发展来逐步削弱地理位置和路径依赖的根深制约，并把这些要素的消极部分转换成积极成分，推动落后城市跳出原有阻碍发展。

最后，通过对这四座中国关键城市的初步比较和分析，笔者希望激发更多中国城市学者对不同类型关键城市发展过程中出现的全球性连接和全球化功能，给予更广泛更深入的关注、比较和研究，重点搞清中国城市与全球化关系的多边性和多元性。当前全球城市的学术研究面临着理论新路径的探索，在“全球城市”理论问世 30 年后，“星球城市化”的提法也崭露头角（Brenner，2014）。有些学者倡议把城市理论研发点从全球北部转向全球南部的发展中国家，特别是非洲和南亚，也有少数学者提出要注重研究全球东部（东欧和东亚）城市，更多的城市学者建议应将注意力投向既属于又超越全球东部的中国城市，期待中国城市丰富的实证研究能够带来新的理论突破。在这个学术领域关键的探索与转折时刻，我们更要关注像义乌和瑞丽这样规模较小的关键城市如何向特殊的全球城市发展，把它们与上海和重庆这样的特大城市作比较和并列分析，以图全面探索中国城市在全球化中的越来越多元的关键作用。

参考文献

[1] BRENNER N. Introduction：urban theory without an outside[C]//BRENNER N. Implosions/Explosions：toward a study of planetary urbanization. Berlin：Jovis，2014：15-31.

[2] CHEN X M. China's key cities：from local places to global players[J]. The European financial review，2015(October/November)：34-40.

[3] CHEN X M. Globalization redux：can China's inside-out strategy catalyze economic development across its Asian borderlands and beyond[J]. Cambridge journal of regions，economy and society，2018，11(1)：35-58.

[4] CHEN X M. Shanghai[C]//Orum A M. The Wiley Blackwell Encyclopedia of urban and regional studies，Volume IV. Oxford：Wiley-Blackwell，2019：1790-1797.

[5] CIIE (China International Import Expo). More MNCs set upregional headquarters in

Shanghai [EB/OL]. [2020-05-06]. https://www.ciie.org/zbh/en/news/exhibition/News/20200506/21871.html.

[6] GAO B Y, DUNFORD M, NORCLIFFE G, et al. Capturing gains by relocating global production networks: the rise of Chongqing's notebook computer industry, 2008-2014[J]. Eurasian geography and economics, 2019, 58(2): 231-257.

[7] LIN S, SIDAWAY J D, WOON C Y. Reordering China, respacing the world: Belt and Road Initiative as an emergent geopolitical culture [J]. The professional geography, 2019, 71(3): 507-522.

[8] Maritime Gateway. China-Myanmar cross-border trade continues [EB/OL]. [2020-2-2]. https://www. maritimegateway. com/china-myanmar-cross-border-trade-continues/.

[9] MARSDEN M, IBAÑEZ-TIRADO D. Afghanistan's cosmopolitan trading networks: a view from Yiwu, China [C]//GEDACHT J, FEENER M. Challenging Cosmopolitanism: Coercion, Mobility and Displacement in Islamic Asia. Edinburgh: Edinburgh University Press, 2020.

[10] SONG T, CHAHINE T, SUN M. Ruili, China: the China-Myanmar nexus hub at the crossroads[J]. Cities, 2020, 104. DOI:org/10.1016/j.cities.2020.102766.

[11] Wikipedia. Yiwu international trade city[D/OL]. https://en. wikipedia. org/wiki/Yiwu_International_Trade_City.

[12] 搜狐.为什么一趟班列会对重庆这么重要? [EB/OL]. [2020-12-18]. https://www.sohu.com/a/441025545_731021.

[13] 新华网.中欧班列(重庆)实现"运全球"[EB/OL]. [2018-04-25]. http://m.xinhuanet.com/cq/2018 04/25/c_1122738726.htm.

遵从还是不遵从？中国迁移人口家庭对城市教育障碍的回应①

李丽梅*　潘仪沁**

摘　要　本研究参考默顿的个体适应类型框架，基于对上海迁移人口家庭的深度访谈以及中国城市流动儿童教育行政诉讼裁判文书，系统归纳迁移人口家庭面对城市教育障碍所采取的不同回应类型和特点，并结合宏观和微观因素分析迁移人口家庭选择不同回应的原因。依据迁移人口家庭对子女的教育目标和制度手段的可得性，其行动回应可以分为五种类型、八种细类：遵从，即政策遵守者；创新，即政策变通者；仪式主义，包括返乡者和就读职校者；退却主义，包括辍学者和绕过政策者；反抗，包括教育行政诉讼和上访。每一种回应包含不同行动，引致不同金钱、时间、情感和道德成本。结构性的城市教育障碍使得部分迁移人口家庭为了实现教育目标，不得不产生非遵从的行为。迁移人口并非均质群体，具有不同个体能动性，其教育获得的能力受制于程度不一的教育障碍。中国迁移人口家庭对城市教育障碍的回应是国家制度和地方政策、市场力量与个体能动性共同作用的结果，但是迁移人口调动个体能动性影响结构变化的程度有限，其对教育障碍的回应有限且相似。

关键词　迁移人口　户口　居住证　流动儿童　教育权　教育障碍

一、问题的提出

改革开放四十余年，中国经历了人类史上最快速的城镇化与最大规模的

---

① 基金项目：上海市哲学社会科学规划一般课题（2018BCK007）。

* 李丽梅，华东师范大学中国现代城市研究中心博士、副教授。

** 潘仪沁，华东师范大学人口所研究生。

人口流动。在国家经济高速发展背景之下，越来越多的人口尤其是农村人口离开户籍所在地、前往城市寻找新的生活机会，迁移人口规模从1982年的660万增加至2018年的2.41亿。迁移人口或在城市成家生子，或携子女进城，或将子女留在老家由其他亲朋照顾——流动儿童与留守儿童群体由此出现并日渐壮大。从2000年到2015年，全国0～17岁流动儿童与留守儿童整体规模从4 990万增长至1亿，占中国所有儿童的38%；其中流动儿童由1 982万增长至3 426万，每四个城镇儿童中就有一个流动儿童（吕利丹，等，2018；段成荣，等，2019；Chan and Ren，2018）。中国的户籍和城乡二元体制造成了城乡教育分化，而流动儿童处于二者夹缝之间（Chan and Wei，2019；Wei and Gong，2019）。教育获得不仅是流动儿童在流入城市成长过程中面临的最大个人挑战之一，更是重要社会流动机制之一，使流动儿童走上不同教育路径乃至人生道路。城镇流动儿童年龄结构呈现“两头多中间少”的形态，体现了户籍壁垒与教育障碍的影响：学龄前与15～17岁流动儿童占比较高，而6～14岁义务教育阶段流动儿童占比较低（国家统计局，等，2017）。由于无法在城市中考，在义务教育阶段随年级升高，流动儿童数量迅速流失（陈金永，2014）。流失的流动儿童或回乡求学，回流成为留守儿童，即流动的留守儿童或流留儿童，留守和流动是一个问题的两面（任远，2018；Chan，2019）；而继续留在城市的流动儿童，或者就读“只有差生才去”的中专、职校或技校（简称“三校”），成为“三校生”（Ling，2015），或者弃学打工，结婚生子，导致第二代流动儿童出现。部分高收入迁移人口能够送子女出国留学，彻底退出国内教育体制。此外，少数迁移人口，试图通过法律诉讼和上访，争取在城市受教育的权利（李楠，2018；Zhou，2017）。

迁移人口基于孩子教育的考量而做出的家庭迁移和分居安排引起学界广泛讨论，主要集中于留守还是流动的抉择（梁鸿、任焰，2010；韩晓燕、文旻，2011；陶然，等，2011；柯宓，2016；南方，2017；Wei，2018），较少论及其他可能，缺乏系统全面的框架看待迁移人口家庭如何应对城市的结构性教育障碍。本研究分析中国城市流动儿童差异化和动态的教育经历，系统归纳迁移人口家庭面对城市教育障碍所采取的不同回应类型和特点，并结合宏观和微观因素分析迁移人口家庭选择不同回应的原因，及其所导致的流动儿童的教育轨迹和教育获得后果。具体而言，本研究参考默顿的个体适应类型理论框架（默顿，2006），依据迁移人口家庭对子女的教育目标和制度手段的可得性，将迁移人口应对中国城市教育障碍的行动分为五种类型、八种细类：遵从，即政策遵守者；创新，即政策变通者；仪式主义，包括返乡者和就读职校者；退却主义，包括辍学者和绕过政策者；反抗，包括教育行政诉讼和上访。本研究还从理论上解释结构性的城市教育障碍如何使迁移人口家庭为了实现教育目标，不得不产生遵从或非遵从的行为。

本研究数据主要有两个来源。一是采用目的抽样方法对 2015—2019 年在上海的 16 个持有不同户口和居住证类别、走上不同教育路径的迁移人口家庭进行深度访谈，梳理 34 个流动儿童的迁移和教育经历，为了解流动儿童完整教育历程，访谈家庭至少有一名年满 18 岁的子女。访谈对象受教育水平从低到高涵盖初中辍学、中职到大学本科和研究生。他们于 20 世纪 90 年代末至 21 世纪初来沪或在上海出生。除了一人之外，所有受访者家长都在私营企业工作，大多是小企业主或半熟练工人。第二个来源是中华人民共和国最高人民法院公布的关于流动儿童教育的教育行政诉讼裁判文书。通过在中国裁判文书网和主要法律数据库（威科先行、无讼和 OpenLaw）中搜索“随迁子女”“流动儿童”“流动人口子女”“新市民”等关键词，并以“教育行政管理”为案由进行筛选，剔除重复与不相关的案件，最终得到 48 份 2014—2019 年中国城市流动儿童教育行政诉讼的裁判文书。其中，一审裁决有 38 项，二审或终局裁定有 8 项，行政裁定为 2 项。裁判文书地理范围覆盖江苏、广东、浙江、山东、北京、天津、云南和湖南 8 个省市，以迁移人口流入省市为主——2015 年，流动儿童数量最多的迁移目的地包括广东、山东、江苏、浙江和福建（Chan and Ren，2018）。教育行政诉讼原告主要来自中西部的迁移人口，包括安徽、江西、河南、湖北、湖南、四川、重庆和陕西，主要为人口迁出省市；另外还有不少来自东部地区的省内迁移人口，例如江苏、山东、广东和福建。原告以流动儿童为主，提起教育行政诉讼时的平均年龄为 7 岁，集中在小学入学阶段，由父母一方担任法定代理人。被告主要为市级或区级教育主管部门或地方政府。

二、中国城市流动儿童的教育发展、影响因素和社会后果

自 20 世纪 90 年代中期起，流动儿童的生存、教育和发展成为社会关注和学术研究热点（段成荣，2015）。研究内容大致分为五个领域：流动儿童生

存与教育发展状况及问题、流动儿童教育机会的宏观结构、流动儿童教育发展的微观因素、学校对流动儿童教育发展的影响（学校效应），以及流动儿童教育获得的社会后果。分述如下：

第一，研究者基于历次人口普查及社会调查数据，勾画不同时期流动儿童教育发展状况与问题。2000 年"五普"数据显示，流动儿童受教育状况未达平均水平，失学率、超龄上学、未完成义务教育的比例较高，并且许多流动儿童完成义务教育后终止学业，进入劳动力市场（段成荣、梁宏，2004）。2010 年"六普"数据表明，流动儿童受教育情况有所好转，绝大部分适龄流动儿童在流入城市接受义务教育，就读学校从以农民工子弟学校为主，转向以公办学校为主，但流动儿童学前与高中教育问题仍很严峻（段成荣，等，2013；杨东平，2017）。城镇公办幼儿园对非户籍儿童设置较高门槛，而后义务教育阶段，城市对流动儿童只开放中职教育，流动儿童接受高中教育比例偏低。例如，北京流动儿童高中（含职校）升学率不足 40%，就读职校比例高于普高，大学升学率不到 6%，多数流动儿童过早结束学业开始打工，从事低收入行业（宋映泉，等，2017）。

第二，国家制度和地方政策决定了流动儿童教育机会结构。流动儿童教育的制度障碍在于基于户籍的入学制度和义务教育财政体制（Han，2017）。早期研究焦点为流动儿童的教育入学机会，儿童教育机会因户口和流动状态而不同，农村户籍流动儿童最为弱势，入学率显著低于本地儿童和城镇户籍流动儿童（Liang and Chen，2007；Wu and Zhang，2015）。21 世纪 00 年代末期的政策改革允许符合条件的流动儿童在城市接受义务教育，尽管在就读学校、教育质量和学业表现等方面依旧与户籍儿童有较大差距；不过，21 世纪 10 年代初期以来"严格控制特大城市规模"的政策使流动儿童获得义务教育再次变得困难（Chan，2019；Wei and Gong，2019）。当前研究焦点在于流动儿童获得什么教育的问题，即能否获得公办教育（Chen and Feng，2013）、能否获得学前和后义务教育（杨东平，2017），以及如何加强对流动儿童的生活服务和社会支持等（任远，2015）。

第三，探讨影响流动儿童教育发展的微观机制，特别是家庭的影响，包括家庭社会经济状况、家庭规模与结构、家庭分居安排和迁移特征、家庭决策过程等。儿童教育后果是家庭教育决策与教育机会结构不断相互作用的结果。城市制度障碍叠加上弱势的家庭社会经济地位对流动儿童教育获得产生不利影响(Zhou, et al., 2019)。高学历流动人口在城市获得公共服务的制度障碍较小,且能调动更多资源克服制度障碍。家庭社会经济地位越高、父母学历越高,且具有城镇户籍的流动人口,更可能就读教学质量更好、流动儿童较少的公办学校(苑雅玲、侯佳伟,2012;冯帅章,等,2017)。人口迁移和家庭分居安排对于儿童教育发展同时具有正面与负面影响,现有研究存在分歧,尚无定论。一种观点认为人口迁移对流动儿童教育发展、认知能力具有积极影响(陈立钧,等,2015;闫伯汉,2017;Xu and Xie, 2015)。流动儿童得到父母更多照顾,利于学业和身心发展,是留守儿童无法拥有的成长优势;而双亲流动、父母照顾缺失对留守儿童学业表现有负面影响(Zhou, et al., 2014)。另一种观点认为,人口迁移和家庭分居安排对流动儿童教育发展影响复杂,2015 年不与父母共同居住的流动儿童达 55%(任远,2018),城市教育障碍、恶劣住房状况和高流动性不利于流动儿童教育发展,再综合家庭社会经济状况及儿童性别年龄等因素,流动儿童教育发展未必好于留守儿童(Huang, et al., 2015)。对 17~18 岁青少年高中教育机会的研究表明,因父亲流动而与留守母亲同住的孩子具有最大教育优势;相反,因母亲流动而与留守父亲同住的孩子的教育机会较差,人口流动不一定带来积极教育后果(杨菊华,2011)。

第四,学校对流动儿童学业表现和教育成就具有显著效应。本地户籍城镇儿童高于就读公办学校流动儿童,就读公办学校流动儿童又高于就读民办学校流动儿童(冯帅章、陈媛媛,2012)。不过,随着政府财政补贴的增加,民办学校教学质量在提高,三者差距在缩小(冯帅章,等,2017)。学校类型可以预测流动儿童小学升初中的可能性,就读公办小学流动儿童升学本地初中比例更高。学校类型甚至还影响流动儿童后义务教育选择(冯帅章,等,2017)。就读公办学校流动儿童更可能留在城市读书,就读民办学校流动儿童更可能返乡就读。

第五,流动儿童教育获得的社会后果。流动儿童面临的教育障碍、政策导向的中职教育路径、学校教育的差别对待导致社会阶层再生产和社会流动性固化的后果。学校是社会不平等和阶层分化生产和再生产的主要场所之一(Collins, 2009)。城市对流动儿童教育供给实行"区隔式融合"(Lan, 2014),把流动儿童纳入义务教育系统,后义务教育则导向中职教育。在义务教育阶段,农民工子弟学校的反学校文化与公办学校的天花板效应,塑造着流动儿童价值观，使流动儿童在学业上产生制度性放弃行为，学校教育无法为流动儿童提供向上流动的阶梯（熊易寒，2010；周潇，2011；Xiong，2015）。在后义务教育阶段，中职学校选择性向流动儿童开放、政府对农村户籍儿童就读中职学校的资助政策，说明政府同时利用市场和行政力量，培育适应本地经济发展需要的新一代农民工劳动力，导致国家资助下的阶层再生产（Ling，2015）。职校学生形成一种新的社会阶层，主要从事灵活服务业和制造业（Woronov，2011）。总之，流动儿童的教育瓶颈在于初升高的分流，而中等教育分流对阶层地位再生产的效应不可忽视，就读重点初中或高中的人更可能获得高等教育机会，从而获得较高职业地位（王威海、顾源，2012）。现有政策对流动儿童的后义务教育仅限于中职教育，影响流动儿童未来教育和职业获得乃至社会地位的形成。流动儿童的教育机会结构难以促进流动儿童向上流动，反而加强了阶层再生产，流动儿童构成城市底层新成员（Li，2015）。

三、中国迁移人口家庭对城市教育障碍的回应

本研究把在迁入城市接受教育特别是后义务教育视为文化认可的教育目标，但是这一教育目标必须在制度允许的教育机会结构下才能实现。受莫顿个体适应类型启发，本研究根据迁移人口对教育目标和教育获得制度手段的接受，把迁移人口对城市教育障碍的回应分为五种类型，每一种类型表示接受或拒绝教育目标与制度手段的不同组合。在此框架下有八类细分行动回应类型：政策遵守者、政策变通者、返乡者、就读职校者、辍学者、绕过政策者、教育行政诉讼者和上访者（表1）。每个回应都包含不同的行动，引致不同的成本，包括金钱、时间、情感和道德成本。

最常见的回应是遵从，即采取合乎制度的手段实现社会认可的教育目标，政策遵守者试图通过努力满足各项政策要求获得受教育资格。政策变通者认同教育目标，但却缺乏制度手段，为此他们必须“创新”——通过变通规则甚至诉诸极端手段，绕过教育障碍。仪式主义包括返乡者和就读职校者，顺应政策要求，返乡者前往户口所在地（往往是父母原籍地）接受教育，这通常意味着迁移回流和家庭分离，成为留守儿童；就读职校者降低教育目标，接受城市唯一的后义务教育选项——就读职校。退却主义放弃教育目标和制度手段，包括

辍学者和绕过政策者。辍学者放弃学业，以新生代农民工身份工作，重蹈父母的覆辙；绕过政策者退出国内教育体系，出国接受教育。反抗者则不接受现行制度安排，试图以新标准取而代之，包括教育行政诉讼者和上访者。

表1　中国迁移人口对城市教育障碍的回应类型

回应类型	教育目标	制度手段
Ⅰ. 遵从：政策遵守者	＋	＋
Ⅱ. 创新：政策变通者	＋	－
Ⅲ. 仪式主义：返乡者与就读职校者	－	＋
Ⅵ. 退却主义：辍学者与绕过政策者	－	－
Ⅴ. 反抗：教育行政诉讼者和上访者	±	±

注：＋代表接受；－表示拒斥；±表示拒斥以及用新标准代替。

1. 遵从：政策遵守者

"对文化目标和适度化的手段都遵从"是最常见的适应类型（默顿，2006）。迁移人口若能达到政策要求顺理成章享受教育权利是最优选择，但对于上海迁移人口整体而言，满足政策要求的人并不占多数。典型政策遵守者主要包括标准积分居住证持有人、居住证转户口者以及其他户口申请人，主要为高学历、高技能、高收入迁移人口。此外，上海人才类居住证和户口申请，其中一项条件是遵守计划生育政策，违者实行一票否决。一般而言，流动人口生育率高于城镇户籍人口，但不同教育水平的迁移人口生育率差别很大（Yang，2000；Werwath，2011），人才类居住证或户口申办者必须严格遵守计划生育政策，生育率水平更近于城市户籍人口。受访者A的父亲有大专学历，在一家外企负责销售管理，在充分了解上海教育政策之后，他决定申请人才类居住证为独生女取得教育资格。第一次尝试失败，2008年成功办理人才类居住证之后把女儿接到上海就读初中。此后每年他都谨慎提前准备材料办理续期，生怕影响女儿上学资格。

但大多数迁移人口难以达到居住证标准分，他们必须想方设法满足积分要求。最常见的方式包括考取中级或高级专业技能证书、获得更高学历、增加社保缴费基数或者延长社保的支付年限等。受访者B的父母正在尽力达到标准分。母亲上夜大争取获得计算机大专学位，父亲投资办厂，也可以积分。所有努力都是为了让刚上初中的小儿子将来有中考资格。

攒够120积分并非易事。每个环节都不能有疏漏，一些人考了两三年依旧拿不到学位，一些人在家乡的档案遗失……我们早早开始为积分而努力……像我这样中专、高中毕业来上海的打工族，只能先去上夜大、考大专，再通过成人自考拿到大学文凭，慢慢地攒分。我们计算过，上大专、本科加上拿到毕业证，加在一起最起码要有6年(林某，2019)。

2. 创新：政策变通者

部分迁移人口无法满足政策要求，转而采用“创新”手段消除障碍实现教育目标，是为政策变通者。这一群体大多为小企业主，学历虽然不高，但富有创业和冒险精神，具有一定社会和经济资本。政策变通者采取的行动包括：假结婚、造假办理人才居住证以及找关系满足政策条件。假结婚指迁移人口为了满足考生“父母一方持有上海户口可在上海参加中考”的政策要求，与配偶离婚，向中介支付5～15万元不等费用，与中介安排的上海人登记结婚。受访者C的父母“假离婚”之后，父亲与中介安排的上海人“假结婚”，她因此得以参加中考，考入上海某重点高中，毕业后考上某重点大学。

他们(父母)当时应该是给了(那个上海人)十几万？具体十五六万左右吧。后面我爸跟那个跟他假结婚的人变成朋友，然后就有问她，发现中介给这个假结婚的人的钱其实很少，然后自己拿的钱很多(受访者C，20170725)。

上海教委为杜绝假结婚现象，对父母一方为本市户籍的考生，从2014年起增加考生须持有上海市居住证条件，持有时间从2015年的1年延长到2016年的2年，2017年更延长到3年①。这意味着如果家长希望通过假结婚为孩子取得中考资格，须在六年级下学期前与上海人登记结婚并维持婚姻3年；若孩子考上高中，希望孩子保持高考资格至高考结束，须维持婚姻6.5年。假结婚成本与风险逐年提高，不再是为子女获得教育资格的可行选项。

政策变通者第二种行动是造假办理居住证。“持有有效期一年及以上《上海市居住证》的国内外‘引进人才’”②，其子女可在上海中/高考，上海人

① 参见《上海市教育委员会关于做好2014—2017年上海市中等学校高中阶段招生报名工作的通知》，http://www.shmec.gov.cn/html/xxgk/201611/420052016004.php，2017年9月3日获取。

② 2014年起，该政策改为“考生父母一方持有效期内《上海市居住证》且积分达到标准分值”。

才类居住证的含金量引发寻租行为,中介造假办理人才类居住证,收费 7~8 万元。2009 年上海教委发现造假中介,约 7 000 名学生的居住证涉嫌造假,其中 1 000 多名被禁高考①。受访者 D 的父亲通过中介挂靠上海工作单位,办理人才居住证,D 遂转到上海读高中并参加高考。

那时候是有政策的,办了一个我爸爸来这边工作的手续,作为随迁子女过来的,我爸爸作为工程师,在企业里面工作的。还要交社保,办的人才居住证 A 类。但事实上,我爸并没有在上海工作(受访者 D,20171116)。

此外,找关系满足其他相关政策条件取得教育资格。例如,2007 年上海出台一项政策,"经市有关部门认定的各地来沪投资企业在沪工作职工和地级市以上地区驻沪办事机构工作人员,其子女……符合有关条件的可以报考本市的高中阶段学校和相关高等院校"②。有门路的迁移人口试图利用这一政策获得上学资格。受访者 E 在他父亲"成为"《财富》杂志世界 500 强企业员工之后,得以在上海参加中高考。E 父亲是一家工程公司老板,并不在那家企业工作,而是通过自己的社会关系办理了该公司员工身份。

我父亲找的朋友是在上海开了一个什么公司,蛮大的,是以那种"在沪员工子女"的形式……他应该是挂名在那边,挂了一个职务……项目经理(受访者 E,20170727)。

上述种种创新行动在个体接受了教育目标,却没有将达到此目标的制度性途径和规范内化时出现。默顿认为创新显示了两个显著的特点:"第一,对于成功的激励由现存的文化价值提供;第二,通向这一目标的适当途径受到阶级结构的很大限制"(默顿,2006)。外地来沪家长希望子女享受上海优质教育资源,但实现这一目标的途径受到政策限制,对迁移人口家庭产生极大

① 上海千名学生涉居住证造假被禁高考,http://www.dfdaily.com/node2/node135/userobject1ai164959.shtml,2009 年 7 月 29 日获取。

② 《关于进一步加强国内合作交流工作的若干政策意见》,全文见 http://www.shfao.gov.cn/node2/node4/2007hzjl/zfxxgk/zcfg/u1a57330.html,2017 年 8 月 1 日获取。

压力，使得诸如假结婚、造假办理居住证等未必符合道德伦理的手段，成为能够满足政策要求且行之有效的权宜之计。

3. 仪式主义：返乡者和就读职校者

仪式主义包括返乡者和就读职校者，迁移人口家庭遵从制度化规范，放弃子女在上海读高中的教育目标，返乡者回老家或迁移到能落户的城市读高中，回老家最为常见，后者多在房价和落户门槛相对较低的城镇购房入户；就读职校者留在上海，接受唯一的后义务教育选择——就读中专/职校/技校。

流动儿童多在六年级至九年级之间返乡，如表 2 显示，上海接受义务教育流动儿童数量随年级增高特别是六年级之后而迅速减少，大多返乡继续学业。13～15 岁二代流动儿童更容易回流（李巧、梁在，2019）。上海返乡流动儿童中，84.9%为独自返乡（冯帅章，等，2017）。回流儿童一般就读寄宿制学校，或由亲戚（通常是祖父母）照顾。有时父母一方（一般是母亲）回乡陪读。返乡的留守儿童教育面临更严峻困难和挑战（Wei, 2018；任远，2018）。宏观上，义务教育质量、普通高中升学率与高考录取率存在巨大城乡和区域差异（Wu and Zhang, 2015）；微观上，流动儿童回流返乡，不连贯教育经历、学校不同教材、教学方法和评分标准、父母照顾缺失等，给回流儿童教育发展造成负面影响（顾静华，2017）。宏观制度歧视、区域差异和社会文化差异作用于个体，使返乡接受教育难以达到预期目标（Ling, 2017）。受访者 F 初三返乡后学习退步，中考成绩不佳，父母缴纳赞助费将其送入当地一所重点高中。尽管在 F 高二时，母亲回乡照顾他至高考结束，但他始终不能适应，成绩未达理想，只考上当地一所二本院校。受访者 G 八年级时独自返乡，由祖父母照顾，继续初中学业。她在中考当天弃考，再次回到上海，先在父亲工作的理发店做小工，后辗转长三角不同城市打工，自学考取会计证，现在无锡一家公司做财会。

表 2　上海接受义务教育流动儿童的年级分布

	2012 年（万人）		2009 年（万人）		2006 年（万人）	
一年级	9.60	18.0%	7.20	17.08%	7.90	20.47%
二年级	8.71	16.3%	6.52	15.47%	6.40	16.58%
三年级	7.56	14.1%	5.91	14.03%	6.20	16.06%
四年级	6.85	12.8%	5.57	13.21%	4.90	12.69%
五年级	6.24	11.7%	5.29	12.55%	4.60	11.92%

续表

	2012年(万人)		2009年(万人)		2006年(万人)	
六年级	4.88	9.1%	4.60	10.91%	3.60	9.33%
七年级	3.97	7.4%	3.08	7.30%	2.30	5.96%
八年级	3.29	6.2%	2.42	5.74%	1.70	4.40%
九年级	2.34	4.4%	1.56	3.71%	1.00	2.59%
合计	53.44	100.0%	42.15	100.00%	38.60	100.00%

数据来源:2006数据来自上海教育科学研究院课题组;2009数据来自民进上海市委;2012数据转引自冯帅章,等,2017。

对不愿或不能返乡的流动儿童,就读中/高职学校再就业,成为流动儿童后义务教育一条折中道路。2008年上海向流动儿童开放中职教育,录取人数从2008年的1 380名增加至2013年的一万余名。2012年上海开放中/高职贯通招生,2012—2016年共录取2 064名流动儿童(刘玉照、王元腾,2017)。流动儿童约占上海中职学生的1/3。调整教育期望,适应现实是流动儿童教育经历的重要组成部分。流动儿童多在六年级至八年级期间意识到没有户口无法读高中、只能读中职的现实,无法参加高考、走上主流教育道路令流动儿童感到失落、遗憾甚至愤怒。

如果我有上海户口的话,我就不需要浪费时间考这样一个没学到什么的文凭了(受访者H,20170621)。

调整心态之后,H把中职视为通往高等教育的迂回道路,她说,“任何值得去的地方都没有捷径”。中职毕业后H考上高职,边读边自考本科文凭。

4. 退却主义:绕过政策者和辍学者

退却主义缺乏获取教育资格的制度手段,因而放弃教育目标。取决于当时当地教育政策和家庭资源的不同,它包括两种类型,绕过政策者和辍学者。前者为主动选择,后者则出于被动。

少数经济条件优越的迁移人口可以绕过教育障碍,为子女购买良好教育,甚至出国读书,退出国内教育系统。义务教育阶段,除了公办学校或农民工子女学校之外的选择是教育质量好但费用不菲的私立学校。受访者I小学就读于上海创办最早的一所民办寄宿制学校,1999年一年学费与住宿费 9 300 元。在后义务教育阶段，可选择上海民办国际课程班或国际学校，毕业后出国读大学，或者直接出国读高中。I 曾就读上海某中学国际课程班，学费一年 9 万元。出国留学费用更贵，年均 30 万～40 万元。对于多数流动儿童来说，如果没有外来帮助，出国读书是不可想象也不可实现的，但在非政府组织或打工子弟学校的帮助下，少数幸运儿可能获得国外学校奖学金，实现留学梦。例如，上海久牵志愿者服务社服务的流动儿童中，2011 年至今有 8 位流动儿童通过世界联合学院考核，获得奖学金出国读高中①。再如，户籍河南的流动儿童段孟宇曾就读于北京民办学校，最后入读哈佛大学②。但出国留学的流动儿童数量稀少，不具有一般意义（张铁超，2018）。在户口制度和教育政策构建的结构制约下，大部分迁移人口家庭缺乏足够资源为子女获取教育，有些甚至过早放弃学业。受访者 J 初二辍学打工，因为当时既无望在上海读高中，中职也尚未向流动儿童开放。此后 J 辗转多个城市打工或做小生意，一直不成功，现在回到老家。同样是退出国内主流教育体系，受家庭资源影响，出国读书和辍学打工的流动儿童分别走上截然不同的人生道路。

5. *反抗：教育行政诉讼或上访*

当地方教育相关政策条文被视为实现合法教育权利的障碍时，部分迁移人口采取反抗的行动回应，包括教育行政诉讼和上访。发起教育行政诉讼的多为中产阶层，48 起教育行政诉讼中，超过一半原告家庭在迁入城市拥有房产，远远高于全国流动人口只有 1.3％在流入城市拥有房产的平均水平。

从原告入学阶段来看，多数集中于义务教育阶段：幼升小 36 起，小学插班 4 起，小升初 1 起。少数为后义务教育阶段：中考 3 起，高考 2 起。原告起诉请求主要分为两类：一是维护受教育权；二是针对地方性法规，要求受教育权在地方性法规中得到体现。具体而言，68％要求就读公办小学，7.9％要求参加中/高考（表 3）；值得注意的是，有 7 起诉讼不仅要求教育公平权，并且目标指向地方外来人口子女（后）义务教育文件：

---

① 上海久牵志愿者服务社是一家致力于改善来沪外来工子女课外教育环境的非营利机构，由张铁超于 2001 年创办，2008 年注册为 NGO，网站为 http://www.jiuqian.org/main。

② 段孟宇：从河南小村到哈佛的不寻常之路，http://www.ftchinese.com/story/001082425?full=y&archive，2019 年 4 月 24 日获取。

被告昆政规(2015)7号《昆山市新市民子女公办学校积分入学办法(试行)》的出台无外来流动人口的民意基础，无法律依据，与上位法《苏州市流动人口积分管理办法》冲突，以入学积分指标的方式伤害了原告在中国境内的教育公平权，将原告列为享受被告教育资源的选择性对象，并将原告父母的受教育程度、居住证年限、社保缴纳、产证年限以及是否违反计划生育、是否违法违纪等父母个人行为与原告的教育权进行了非法捆绑，违反了宪法、教育法、未成年人保护法的规定，因此请求判决撤销该文件(2016苏0582行初240号)。

表3　教育行政诉讼原告起诉请求

原告起诉请求	数量	百分比
就读公办小学	35	68.6%
就读公办初中	1	2.0%
参加中考	3	5.9%
参加高考	1	2.0%
撤销地方外来人口子女义务教育办法	6	11.8%
撤销地方外来人口子女后义务教育办法	1	2.0%
公开外来务工子女公办小学就学数据	4	7.8%
合计	51	100%

受教育权是48起教育行政诉讼的首要案由，1995年受教育权首次进入中国行政诉讼的受案范围，但《行政诉讼法》并没有明确规定受教育权，不同法院在受理教育行政案件时做法不统一，受教育权没有得到充分司法救济(吴鹏，2011)。48起有关流动儿童受教育权的行政教育诉讼全部败诉。法院判例依据主要包括《义务教育法》和《行政诉讼法》，争议焦点集中于《义务教育法》第4条平等教育权，“凡具有中华人民共和国国籍的适龄儿童、少年……依法享有平等接受义务教育的权利”和第12条户籍优先，“地方各级人民政府应当保障适龄儿童、少年在户籍所在地学校就近入学……具体办法由省、自治区、直辖市规定”。例如，在张某诉宁波市鄞州区教育局一案中，法院认为“本地的教育资源应当首先满足当地户籍的适龄儿童、少年的入学需要”“宁波市鄞州区人民政府根据上级文件精神，制订了外来务工人员子女入学的具体办法，被告按该具体办法实施，未违反相关的法律规定”(〔2014〕甬

鄞行初字第 75 号)，驳回原告请求。法院对地方制定的入学条件予以支持，其中居住证积分不达标占一大半；其次是未能提供合法固定居所证明；其他原因还包括未按规定参与连续缴纳社保，违反计划生育政策，居住地不属于学区，以及未在规定时间内提交申请等。

为争取子女在迁入城市平等受教育权，除了行政诉讼之外，迁移人口还进行上访，包括个体或集体行动。2010—2013 年，一群没有北京户口的常住居民，自发成立推动教育平等公民志愿者团队，每个月到北京教育局门口请愿。他们征集北京九万多随迁子女家长签名，在 2012 年两会期间发布了致全国人大代表、全国政协委员的公开信，要求关注教育公平问题，推动“取消高考户籍限制”。不过，北京教育平权运动具有很强地域性，且局限于关注中产阶层迁移人口子女的受教育权(Zhou, 2017)。再如 2012 年占海特事件：15 岁少女占海特户籍江西九江，5 岁时随父母迁至上海，因无法在上海中考，前往上海教委上访，要求“还我中考权利”，并发微博抗议，引发网络热议①。

综上，在教育政策的限制下，少数迁移人口采取法律诉讼或上访行动，为自己的孩子——有时也为处于相同境地的流动儿童——谋求平等受教育机会。尽管收效甚微，但正是因为他们发声与反抗，促使更多人关注流动儿童教育问题，在一定程度上推动政策制定往更公平方向发展。

四、结论与讨论

按迁移人口的户口和居住证身份，城市建立起梯度赋权的教育权利，城市迁移人口因此受到不同程度的制度限制，获得梯度等级的教育机会。本研究采用默顿的个体适应类型框架，根据迁移人口对教育目标和教育获得制度手段的接受或拒斥，提出迁移人口应对城市教育障碍的类型框架，分析这种结构压力如何在具有不同户口和居住证身份的迁移人口中引发遵从或不遵从的行动回应，包括遵从、创新、仪式主义、退却主义和反抗。具体而言，可以细分为政策遵守者、政策变通者、辍学者、就读职校者、返乡者、绕过政策者、法律诉讼者和上访者。政策遵守者尽力满足政策要求以便获得教育资格；而结构性的教育障碍使得部分迁移人口家庭为了实现教育目标，不得不产生不

---

① 参见占海特 2012 年 6 月 8 日发布的微博，https://www.weibo.com/2814893974/ymYIbrWkx?type=comment#_rnd1578986097195，2017 年 8 月 9 日获取。

遵从的行为:创新者或政策变通者利用政策漏洞,例如假结婚和伪造文件办理人才居住证以便获取教育资格。仪式主义者接受缺乏教育获得的制度手段的现实,大多数人把孩子送回原籍地,教育质量相对较低,高考竞争也更加激烈。而那些选择留下并继续读书的人,除了职业学校别无选择。至于退却主义,具有不同社会经济地位的流动人口对这一选择的运用不同:高收入迁移人口家庭选择退出国内教育体系,将子女送到海外接受教育;而辍学者则放弃学业并过早进入劳动力市场。采取反抗行动的包括教育行政诉讼者和上访者,因其代价高昂而为数不多。由于政策和家庭资源不断变动,同一家庭对于不同子女的教育可能采取不同行动回应。总之,正是教育目标和教育获得制度手段有无之间的矛盾造成的压力,迫使部分迁移人口家庭采取了不遵从的行为。

中国城市迁移人口并非均质群体,具有不同个体能动性,其教育获得的能力受制于程度不一的教育障碍。迁移人口教育获得取决于户口和居住证制度决定的教育机会结构及迁移人口个体能动性相互作用的结果。制度障碍制约了教育目标的实现,只有成功落户或达到标准分居住证的迁移人口子女方才具有中高考教育资格,而其他迁移人口则缺乏教育获得的制度手段。迁移人口本身具备的能力与资质是其获得迁入城市教育资格的条件。面对户籍和居住证制度决定的教育障碍,迁移人口取得市民权能力和期望的差异可以部分解释他们对教育障碍做出的不同反应。中国迁移人口家庭对城市教育障碍的回应是国家制度和地方政策、市场力量与个体能动性共同作用的结果,但是迁移人口调动个体能动性影响结构变化的程度有限,其对教育障碍的回应有限且相似。教育既代表着向上流动的希望,也代表着这种流动的制度性障碍(Kasinitz, et al., 2008)。户籍、居住证制度和教育相关政策极大影响着流动儿童的教育轨迹和生活机会,流动儿童努力攀登教育流动的阶梯,但现有结构障碍使其难以充分实现自身潜力。与此同时,中国正面临出生率下行、人口迅速老龄化的严峻挑战,迁移人口的孩子——流动儿童和留守儿童——构成了极大规模的人口世代,将成长为国家未来亟需的劳动力一员(任远,2018;Chan, 2019)。因此,国家与城市政府理应减少乃至去除迁移人口定居城市的制度障碍,保障他们在城市的受教育权利,这既是以人为本的新型城镇化的题中之义,也是未来中国老龄化社会仰赖的中坚力量。

参考文献

[1] 陈金永.沪学生评估夺冠的光环背后[N].明报,2014-01-03.

[2] 陈立钧,杨大利,任强.中国儿童发展报告[R].芝加哥:芝加哥大学 Chapin Hall 研究中心,2015.

[3] 段成荣.我国流动和留守儿童的几个基本问题[J].中国农业大学学报(社会科学版),2015,32(1):46-50.

[4] 段成荣,谢东虹,吕利丹.中国人口的迁移转变[J].人口研究,2019,43(2):12-20.

[5] 段成荣,梁宏.我国流动儿童状况[J].人口研究,2004(1):53-59.

[6] 段成荣,吕利丹,王宗萍,等.我国流动儿童生存和发展:问题与对策——基于2010年第六次全国人口普查数据的分析[J].南方人口,2013,28(4):44-55.

[7] 冯帅章,陈媛媛.学校类型与流动儿童的教育——来自上海的经验证据[J].经济学季刊,2012,11(4):1455-1476.

[8] 冯帅章,陈媛媛,金嘉捷.城市的未来:流动儿童教育的上海模式[M].上海:上海财经大学出版社,2017.

[9] 顾静华.消失的资本——回流流动儿童在农村学校的教育经历[C]//杨东平.中国流动儿童教育发展报告.北京:社会科学文献出版社,2017.

[10] 国家统计局,联合国儿童基金会,联合国人口基金.2015年中国儿童人口状况:事实与数据[EB/OL].[2017-10-19].http://www.unicef.cn/cn/index.php?m=content&c=index&a=show&catid=226&id=4242.

[11] 韩晓燕,文旻."隐性抗争"与"隐性合谋":城市新移民家庭策略的互动模式——以上海市流动人口家庭的初中后教育选择为例[J].云南师范大学学报(哲学社会科学版),2011,43(2):136-141.

[12] 柯宓.农民工子女随迁的选择性及其影响因素分析[J].劳动经济研究,2016,4(1):123-142.

[13] 李楠.流动儿童教育行政诉讼,为何全部败诉——基于39起案件的分析[EB/OL].[2018-06-05].微信公众号:户改观察.

[14] 李巧,梁在.二代流动儿童回流状况及其影响因素[J].人口研究,2019,43(3):65-77.

[15] 梁鸿,任焰.流动,还是留守?农民工子女流动与否的决定因素分析[J].人口研究,2010,34(2):57-65.

[16] 林正茗.积分入学,为孩子读书的非沪籍父母[EB/OL].[2019-09-02].微信公众号:真实故事计.

[17] 刘玉照,王元腾.上海市流动儿童教育状况分析[C]//杨东平.中国流动儿童教育发展报告.北京:社会科学文献出版社,2017.

[18] 罗伯特·K.默顿.社会理论和社会结构[M].唐少杰,等,译.南京:译林出版社,2006.

[19] 吕利丹,程梦瑶,谭雁潇,等.我国流动儿童人口发展与挑战(2000—2015)[J].青年研

究,2018,421(4):5-16.

[20] 南方.家庭资源与权力关系——农民工子女抚育策略决策机制的实证研究[J].北京社会科学,2017,(1):74-80.

[21] 民进上海市委.上海外来流动人口子女教育问题研究[R].[2017-08-28].http://www.shmj.org.cn/node809/node827/node829/userobject1ai1731844.html.

[22] 任远.大迁移时代的儿童留守和支持家庭的社会政策[J].南京社会科学,2015(8):73-78.

[23] 任远.中国家庭|关注日益严峻的"流留一代"问题[EB/OL].[2020-01-13].https://m.thepaper.cn/newsDetail_forward_2776080?from=groupmessage&isappinstalled=0.

[24] 胡瑞文,朱涛,杜晓利.上海流动人口子女义务教育后出路问题研究[J].教育发展研究,2008(Z1):15-18.

[25] 宋映泉,曾育彪,张林秀.打工子弟学校学生"初中后"流向哪里——基于北京市1866名流动儿童长期跟踪调研数据的实证分析[J].教育经济评论,2017,2(3):20-37.

[26] 陶然,孔德华,曹广忠.流动还是留守:中国农村流动人口子女就学地选择与影响因素考察[J].中国农村经济,2011(6):37-44.

[27] 王威海,顾源.中国城乡居民的中学教育分流与职业地位获得[J].社会学研究,2012,27(4):48-66.

[28] 吴鹏.特别权力关系理论与我国受教育权行政诉讼[J].国家行政学院学报,2011(3):72-76.

[29] 熊易寒.底层、学校与阶级再生产[J].开放时代,2010(1):94-110.

[30] 闫伯汉.乡城流动与儿童认知发展:基于2012年中国城镇化与劳动移民调查数据的分析[J].社会,2017,37(4):59-89.

[31] 杨东平.中国流动儿童教育发展报告[M].北京:社会科学文献出版社,2017.

[32] 杨菊华.父母流动、家庭资源与高中教育机会[J].学海,2011(2):19-33.

[33] 苑雅玲,侯佳伟.家庭对流动儿童择校的影响研究[J].人口研究,2012,36(2):106-112.

[34] 张铁超.农二代在上海的10年[C]//陆建非,吴英燕.风中的蒲公英——中国流动儿童生存报告.上海:上海文化出版社,2018:81-94.

[35] 周潇.反学校文化与阶级再生产:"小子"与"子弟"之比较[J].社会,2011,31(5):70-92.

[36] CHAN K W. China's precious children[J]. Eurasian geography and economics, 2019, 60(5): 616-633.

[37] CHAN K W, REN Y. Children of migrants in China in the twenty-first century: trends, living arrangements, age-gender structure, and geography[J]. Eurasian geography and economics, 2018, 59(2): 133-163.

[38] CHAN K W, WEI Y. Two systems in one country: the origin, functions, and mechanisms of the rural-urban dual systemin China[J]. Eurasian geography and economics, 2019, 60(4): 422-454.

[39] CHEN Y, FENG S. Access to public schools and the education of migrant children in China[J]. China economic review, 2013, 26:75-88.

[40] COLLINS J. Social reproduction in classrooms and schools[J]. Annual review of anthropology, 2009, 38: 33-48.

[41] HAN J L. A multi-country study on the education of migrant children[D/OL]. [2017-12-30]. https://www.wise-qatar.org/2017-wise-research-education-migrant-children.

[42] HUANG Y, LIANG Z, SONG Q. Migrants family arrangement and their children's academic performance in China[EB/OL]. [2017-09-27]. Population Association of America 2015 annual meeting. http://paa2015. princeton. edu/papers/150176.

[43] KASINITZ P, MOLLENKOPF J H, Waters M C, et al. Inheriting the city: the children of immigrants come of age[M]. New York and Cambridge: Russell Sage Foundation and Harvard University Press, 2008.

[44] LAN P. Segmented incorporation: the second generation of rural migrants in Shanghai[J]. The China quarterly, 2014(217): 243-265.

[45] LI M. Citizenship education and migrant youth in China: pathways to the urban underclass[M]. London and New York: Routledge, 2015.

[46] LIANG Z, CHEN Y. The educational consequences of migration for children in China[J]. Social science research, 2007, 6(1): 28-47.

[47] LING M. "Bad students go to vocational schools!": education, social reproduction and migrant youth in urban China[J]. The China journal, 2015(73): 243-265.

[48] LING M. Returning to no home: educational remigration and displacement in rural China[J]. Anthropological quarterly, 2017, 90(3): 715-742.

[49] WEI Y. Leaving children behind: a win-win household strategy or a path to pauperization? [J]. Eurasian geography and economics, 2018, 59(2): 164-183.

[50] WEI Y, GONG Y. Understanding Chinese rural-to-urban migrant children's education predicament: a dual system perspective[J]. International journal of educational development, 2019, 69: 48-57.

[51] WERWATH T. The fertility impact of rural-to-urban migration in China[J]. Asian and Pacific migration journal, 2011, 20(1): 101-116.

[52] WORONOV T E. Learning to serve: urban youth, vocational schools and new class formations in China[J]. The China journal, 2011, 66: 77-99.

[53] WU X, ZHANG Z. Population migration and children's school enrollments in China, 1990-2005[J]. Social science research, 2015, 53: 177-190.

[54] XIONG Y. The broken ladder: why education provides no upward mobility for migrant children in China[J]. The China quarterly, 2015, 221: 161-184.

[55] XU H, XIE Y. The causal effects of rural-to-urban migration on children's well-being in China[J]. European sociological review, 2015, 31(4): 502-519.

[56] YANG X. The fertility impact of temporary migration in China: a detachment hypothesis[J]. European journal of population, 2000, 16(2): 163-183.

[57] ZHOU M, MURPHY R, TAO R. Effects of parents' migration on the education of children left behind in Rural China[J]. Population and development review, 2014, 40: 273-292.

[58] ZHOU M J. The void in public discourse and the limitations of the equal education campaign in Beijing[J]. The China information, 2017, 31(2): 176-194.

[59] ZHOU Z, TAO X, LIN D. Floating childhoods: psychological and educational adaptations of migrant children in China [J]. International journal of school & educational psychology, 2019, 7(2): 72-82.

阶层认同、群际接触与城市中间阶层对外来人口的社会偏见

王嘉顺*

摘　要　在外来人口的城市融入研究中，由城市居民加之于外来人口的社会偏见往往被研究者们所提及。本研究以中国城市中间阶层为研究对象，分析该群体对外来人口的社会偏见的影响因素及产生机制。基于社会认同理论和群际接触理论，本研究使用来自上海、郑州和厦门三地的问卷调查数据分析了城市中间阶层对自我阶层认同的不同状况对其偏见的影响，同时分析了不同类型的群际接触对偏见产生的影响。结果显示城市中间阶层对外来人口的社会偏见整体上处于中等偏低的水平，单位所有制性质、主观社会阶层评分、与外来人口的群际接触意愿和实际群际接触行为对城市中间阶层的偏见得分有显著影响。最后提出应当增加城市居民与外来人口的接触机会，积累积极接触经验；持续改革不合时宜的体制和政策，调整原有不公平的既得利益格局；加强宣传和教育，培养城市居民具备开放包容的社会心态，由此减少对外来人口的社会偏见，促进新型城镇化可持续发展。

关键词　阶层认同　群际接触　中间阶层　外来人口　偏见

在有关外来人口的社会适应、社会融入及类似主题的研究中，社会歧视是常被提及的现象，它往往发挥着负面性、阻碍性以及排斥性的作用。同时也有研究使用社会偏见来代替社会歧视，或者并列使用这两个词来作为一种社会心理基础用于定义社会排斥。不过需要注意的是，社会歧视和社会偏见虽有一定的关系，但是二者具有本质上的差异。社会歧视通常跟不平等的社会处境和社会待遇联系在一起，它始于一个群体对另一个群体的优越感，并且一般通过排斥性的制度安排加以确定，它更多地体现在性别、种族、民族、

* 王嘉顺，华侨大学社会学系博士、副教授。

地域、年龄、相貌等先赋性特征上。而社会偏见是一种态度，从社会心理学的角度来看，是一种刻板印象。它一般存在于群体与群体之间，并且给受到偏见的群体带来负面影响，这种影响表现为情绪反应式的判断，侧重表现为对受到偏见群体的厌恶和反感（Allport，1954；Stephan，et al.，1994）。可以说，歧视与偏见分别体现出社会行为与社会态度的意义（朱力，2001），并且“社会歧视作为一种社会行为是社会偏见这种社会态度的反映，后者是前者的心理根源”（黄家亮，2005）。由于二者之间的这种关系，如果在研究中混用社会歧视和社会偏见这两个概念，会给研究结果带来一定的误识。从社会心理学的角度看，城市居民对外来人口的社会偏见也是诸多偏见中的一种，它是城市居民对外来人口持有的一种负面刻板印象，它给外来人口的城市融入造成了确实的影响。随着新型城镇化逐步推进，部分外来人口选择在城市长期居留的意愿将不断增强，他们同城市居民的社会交往也将越来越频繁和深入。因此对城市居民对外来人口的社会偏见进行研究，不仅将帮助我们从理论上更好地认识和理解该问题，而且也会对促进外来人口的城市融入，促进城市居民和外来人口建立良性社会关系具有重要参考价值。

一、文献回顾与问题提出

（一）关于偏见的个体层次研究路径

正如社会心理学存在心理学的社会心理学和社会学的社会心理学两大研究传统一样（杨宜音，2006），作为一种社会心理现象的偏见也存在两条研究路径，它们分别从个体层次和群体层次展开，两个研究层次关注的焦点不同。从个体层次展开的研究，关注导致偏见产生的人格特质。该传统始于德国著名社会学家、法兰克福学派的代表人物西奥多·W.阿多诺，他基于量表测量和临床访谈收集到的数据，概括出具备权威主义人格的九个特质，即因袭主义、权威主义服从、权威主义攻击、反自省性、迷信与刻板印象、权力与强硬、破坏性与犬儒主义、投射倾向及性取向，这些人格特质又可以进一步概括为因袭主义、权威主义服从和权威主义攻击三个核心成分，而具备这些特质的个体更易对外群体表现出偏见①。自阿多诺之后，权威主义人格理论又相继演化出右翼权威主义

① 《权威主义人格》是反映阿多诺该项研究的经典著作，国内有中译本，但书名译为《权力主义人格》。具体参见：西奥多·W.阿多诺，等.权力主义人格[M].李维，译.杭州：浙江教育出版社，2002.

(Right Wing Authoritarianism，RWA)和社会支配倾向(Social Dominance Orientation，SDO)两种理论流派(Altemeyer，1998；Sidelong and Pratto，1993；Sidanius，et al.，1994)，它们二者虽都是源于权威主义人格理论，但是侧重点不同。首先，右翼权威主义理论在阿多诺的研究基础上，继续深化对权威主义人格特质中三个核心要素的澄清和测量，而社会支配倾向理论则强调权威主义支配的重要性。其次，从偏见的产生过程来看，右翼权威主义理论认为具备权威主义人格特质的个体相对一般个体对冒犯传统价值观的行为更敏感，并将其视为群体威胁的重要来源，而一旦感知到这种威胁，就会对造成威胁的群体产生偏见(李琼、郭永玉，2007)。社会支配倾向理论认为个体的支配倾向不同，高社会支配倾向者偏好加大不同群体间的差异，并期望优势群体更多地支配劣势群体，而低社会支配倾向者则偏向缩小不同群体间的差异以增加社会平等，并期望优势群体更少地支配劣势群体。而社会支配倾向正是通过影响社会不平等的程度来促发偏见的产生(李琼、郭永玉，2007)。权威主义人格理论的这两条分支都突出特定人格特质在偏见产生过程中的直接作用，但是以达基特为代表的学者指出右翼权威主义和社会支配倾向两种所谓的人格特质更接近于一种社会态度，而具有不同人格的个体经由该社会态度的中介作用才会产生社会偏见，所以他据此提出二重过程动机模型(Dual-Process Motivational Model，DPM)(Duckitt，2001、2006；Duckitt and Sibley，2010)。该模型还进一步提出右翼权威主义和社会支配倾向在社会偏见产生的机制上存在差异，并且受到社会情境因素的影响。可以说，二重过程动机模型描绘的是一个包含个体人格倾向、社会信念、动机目标以及社会态度等多个因素与情景及外群体特征之间交互影响导致偏见产生的复杂系统(孙连荣、杨治良，2013)。

(二) 关于偏见的群体层次研究路径

从群体层次展开的研究，关注偏见如何作为一种群体态度而产生并受到哪些因素的影响。偏见可以针对个体，也可以针对群体，产生于群体之间的偏见，具有迪尔凯姆所谓的“社会事实”特征，即客观性、集体性和强制性三个特点。我们需要注意这些特征，“这是一种强加于个人而后再由个人重复的团体状况。它存在于整体中的每个个体，是因为它已存在于整体，而不能说它存在于整体，是因为它已存在于个体”(迪尔凯姆，1995:30)。正因为如此，偏见虽然由个体通过自己的言行得以体现，但也见诸不同群体之间，如不同民族、性别、年龄、阶层等。群体间的偏见可以源于个人个体化的社会交往后果，而有时这种交往不必是真实的，甚至可以是在想象中完成的，所以偏见也可以在完全没有接触的条件下产生（李森森，等，2010）。

但是从群体的角度来看，偏见到底是如何形成的呢？对此问题的研究和解答有突出影响的是社会认同理论和群际接触理论。社会认同理论肇始于泰弗尔（H. Tajfel）于20世纪70年代对群体行为的研究，后经特纳（J. C. Turner）的研究工作进一步完善。泰弗尔认为，社会认同是社会成员认为自己属于特定的社会群体，而这种群体成员的身份对其赋有情感和价值意义。对于偏见的产生，社会认同理论认为社会成员通过社会分类、社会比较和积极区分原则建立其对某一社会群体的认同，从而产生内群体偏好和外群体偏见（张莹瑞、佐斌，2006）。具体地看，社会认同理论将形成刻板印象的个体心理过程、社会心理过程和社会过程整合起来，从更全面的角度看待刻板印象，进而解释偏见（豪格、阿布拉姆斯，2011：52）。群体偏见突出群体成员对于社会群体的态度，这里的社会群体以不同的身份或标签来划定，但是不论划分为何种类型的群体，群体成员都有一个归属，即是否属于某个群体，如果属于某个群体就是内群体，否则就是外群体。而群体偏见则常来自于内群体对外群体成员的负面态度。

群际接触理论是更早更为经典的关于偏见的理论，它将偏见的产生及消除视为一种群体心理现象。早在20世纪50年代，著名社会心理学家奥尔波特（G. W. Allport）提出，偏见是人们在不充分了解的基础上产生的较难改变的具有负面的、厌恶性的情绪，这种情绪可以针对群体，也可以针对属于该群体的某个个体（张婍，等，2009），而群际接触则为获得新信息和澄清错误信息提供了机会，进而提供了减少或消除偏见的可能（李森森，等，2010）。在群际接触理论看来，偏见具体产生于群际威胁，当社会群体形成以后，一个群体所拥有的资源、行为、信念和价值观有可能威胁其他群体的存在、发展和目标实现，而这种感知到的威胁会导致人们对外群体产生消极的态度和行为，偏见就此形成。群际间的威胁主要包括现实威胁、象征威胁、文化威胁和社会认同威胁等（张婍，等，2009）。以社会认同威胁为例，它是指个体通过与外群体相比较，不能得到肯定、积极的评价，无法确定自己处于一定的社会群体、社会类别或社会范畴，对个体社会认同的威胁（王沛、刘峰，2007），而处于社会认同威胁境况下的个体易受到来自优势社会群体的偏见。

(三) 对移民的偏见研究

对移民的偏见研究是社会偏见研究的主要领域之一,在人口还没有实现全球大范围频繁流动时,不同民族和种族背景的人鲜有接触和交往的机会,但是随着全球人口流动愈来愈频繁,本国民众同来自不同国家、民族的人生活在同一个国家、同一个城市、同一个社区的几率越来越大,同时也为偏见的产生提供了可能。如奥尔波特的经典著作就是关注不同种族之间的偏见(Allport, 1954),对西方发达国家而言,来自国外的移民往往具有不同的语言、文化和风俗习惯,而且他们也要享有部分甚至所有国民福利,这就有可能在移民和本国民众两个群体间产生群际威胁,这些威胁往往是全方位的。如斯蒂芬等人的研究发现,现实性威胁、象征性威胁、群际焦虑以及负面的刻板印象对解释美国大学生对来自古巴、墨西哥和亚洲移民的偏见有显著影响(Stephan, et al., 1999)。同样,对移民的偏见研究也遵循个体和群体两个研究路径。有研究发现具有较高右翼权威主义和社会支配倾向的人倾向于更加严格的移民政策,这种倾向在研究对象感知到较高程度的文化威胁和竞争时特别明显(Craig and Richeson, 2014)。个体的人格特质对移民偏见的影响不是独立和凭空的,它有时受到社会环境因素的影响,如不同社会经济状况、不同的文化层面的世界观、对移民的感受的不同程度都有可能影响人格特质对偏见的影响(Cohrs and Stelzl, 2010),而且人格特质同社会环境因素的交互影响也会影响本国民众对移民的偏见(Sibley, et al., 2013)

国内关于偏见的研究多集中于社会心理学领域,其中针对农民工、流动人口、城镇外来人口等群体的相当少。朱力认为农民工进城后与城市居民的融合,是城市秩序稳定的一个重要因素。市民在与农民工的互动交往中,存在着对农民工的偏见与歧视。造成这种状况的主要原因是制度性歧视,但也有因农民工的活动条件与自身素质的限制而引起的对城市生活的不适应(朱力,2001)。朱力的研究虽较早地指出制度性因素的作用,但同样模糊了歧视与偏见之间的关系,而且也未言明市民的偏见到底受到制度性因素的何种影响。在另一个更早的研究中,学者围绕外来从业人口的大量涌入导致社会治安状况下降及犯罪现象增多、外来从业人口加重了城市交通运输及基础设施的负担、外来从业人口涌入导致城镇人口就业难度加大、外来从业人口素质低影响城镇文明环境建设四个针对外来从业人口的偏见,逐一从统计数据和理论分析的角度加以反驳(张智勇、陶育兵,1997)。李艳敏的研究运用群际接触理论对想象性群际接触、接触经验对农民工内隐偏见的影响进行了研究，结果发现市民的想象性群际接触在实际接触难以实施时可以消除先前实际消极接触的负性影响，从而减少偏见（李艳敏，2012）。叶俊焘等人的研究从群体间交往的视角出发，运用奥尔波特的“群际交往假说”来检验城市居民与农民工之间的朋友关系是否会影响前者对后者的态度（叶俊焘，等，2011）。除明确针对偏见展开的研究之外，还有少量研究关注到城市居民对农民工、外来人口的社会态度、社会包容（刘林平，2008；王嘉顺，2010、2015）。近来也有研究借鉴西方移民态度理论，基于现实威胁、文化认同威胁等理论分析城市居民对移民的态度（李煜，2017），这填补了之前相关研究的不足，为后续研究提供了重要且有益的参考。上述研究虽然取得了重要发现，但是仍然存在一些不足需要进一步研究来澄清，这些不足主要有：第一，模糊甚至混淆了社会歧视与社会偏见之间的关系；第二，提出了影响社会偏见产生的因素，但未言明相关因素如何发挥影响作用；第三，研究城市居民对农民工偏见的多，而研究城市居民对广义上外来人口偏见的少；第四，较多研究以理论阐释为主，缺少实证研究的分析和支持；第五，没有适当借鉴社会心理学对社会偏见的研究成果。

（四）研究问题

一直以来，在国内有关外来人口城市化、城市融入等类似研究领域，学者们更多地从移民视角出发，研究和分析如何让这部分群体更好地在城市工作和生活，虽然也有提到来自城市居民的偏见和歧视，但是并未对此展开细致的研究，或者说并未给与足够的关注，但是反观西方学术和政策研究领域，这个主题一直是长盛不衰的话题。西方对移民的偏见研究为我们在中国研究类似问题提供了一些启发。虽然官方文件和学术研究目前仍较多以流动人口、外来人口指代这个群体，而且人口管理实践对迁移和流动有着清楚的划分，一个人的“迁移”在官方看来必须是其户籍被合法地在当地予以接纳，这同西方发达国家接纳外国移民的形式非常接近。除此之外，在新型城镇化背景下，将有数以亿计的流动人口获得流入城市的户籍，成为真正的市民。所以对这部分群体的偏见、接纳或包容，乃至一般的社会态度应以一个新的视角来看待，而非基于早期对其“过客”的认识。

综上所述，目前国内对城市居民对外来人口偏见的研究较少，不利于我们从更加全面的角度看待和分析外来人口乃至新型城镇化的进程。我们需要了解偏见的现状及其影响因素，如果能从中找到消减偏见的方法和启示，这将对人口管理、户籍制度改革以及新型城镇化建设有所帮助。如果说对外来人口的偏见根本上来自制度性因素，即计划经济时期遗留的城乡二元分割，那么改革开放四十多年后，这种制度遗存效果还剩多少，市场经济是否培育了市民特别是中间阶层居民更具开放和包容的心态，他们对外来人口会持有偏见吗？本研究将在借鉴社会心理学理论和研究的基础上，通过对问卷调查数据的量化分析，力求以实证研究的方式来尝试回答上述问题。研究将城市中间阶层作为考察对象，因为这个群体是改革开放后产生并不断扩大的一个社会群体，国内外学者对其投入的关注较多。中间阶层对外来人口的偏见，既是考察外来人口在城市融入中的阻碍有多大，同时也是观察城市中间阶层在社会转型中所起的作用。

二、数据和变量

(一) 数据

本研究的数据来自在福建省厦门市、河南省郑州市以及上海市展开的问卷调查，其中福建厦门的调查于 2013 年进行，河南郑州的调查于 2014 年进行，上海的调查于 2015 年进行①。厦门市和郑州市的样本选取采用配额抽样方法，上海市的调查委托市场调查公司进行，样本来自其数据库，整体上三地的样本是通过非概率抽样得到的样本，其中厦门市的有效样本有 570 个，郑州市的有 895 个，上海市的有 804 个，样本规模共计 2 269 个。虽然是非概率抽样方法，但选取样本时参考了第六次人口普查资料，在其中按照性别、年龄段、职业类别和教育程度等人口特征变量分布进行配额抽样。另外，按照职业类别、收入水平和教育程度选取了理论上属于中间阶层的样本，有的样本达到了某个方面的标准，有的达到了所有标准，只要达到一个即视之为中间阶层。

(二) 变量及其操作化方法

本研究的主要变量是城市中间阶层对外来人口的偏见，在测量的时候，我们通过一个语义差异量表来测量城市中间阶层对外来人口的印象。我们

---

① 该调查得到国家社科基金项目“文化资本：我国城市中产阶层的生产和再生产研究”(项目编号：11BSH028)的支持。

让受访者从五个方面来判断自己对外来人口的印象，这五个评价的维度分别是恶的—善的、社会地位低—社会地位高、综合素质低—综合素质高、贡献非常小—贡献非常大、令人厌恶的—令人喜欢的。每个评价陈述都区分了七个态度等级，最负面的评价赋值 7 分，而最正面的评价赋值 1 分，我们用这五个陈述的总得分来代表每个受访者对外来人口的偏见状况，受访者得分越高表明其对外来人口的偏见越强烈。我们计算得到这五个项目之间的克朗巴哈系数(Cronbach's alpha)值为 0.75，说明这五个陈述的内在一致性较高，整个量表的信度也较高。我们计算了每个受访者的量表得分，如果受访者在某一项陈述上未填答，我们则用这项陈述的平均值来代替。

本研究重点从阶层认同和群际接触两个层面研究城市中间阶层对外来人口的社会偏见，涉及到的变量有阶层认同状况、群际接触意愿和实际群际接触状况。按照身份认同理论的解释，属于某一个社会群体的成员以对内群体和外群体的感知为条件，进一步产生对外群体的偏见。身份认同建立在群体认同的基础上，因此对群体的分类至关重要。从社会分化的角度看，阶层是社会成员的群体归属之一，按照社会学的理论和方法，每个社会成员都可以被归入某一个社会阶层，这种归类可以是按照某种理论标准，也可以是社会成员的自我评价和认定。本研究将阶层认同变量操作化为主观社会阶层评分，具体设定最低分为 1 分，最高分为 10 分，让受访者给自己现在的社会阶层评分。

从群际接触理论来看，不同群体间的接触对偏见的产生有影响，我们从群际接触意愿和实际群际接触状况两个方面考察城市中间阶层同外来人口的群际接触情况。群际接触意愿是一个虚拟变量，操作化方法是询问受访者是否愿意邀请外来人口到其家中做客，回答愿意的赋值为 1，否则赋值为 0。实际群际接触状况变量也是一个虚拟变量，对它的测量是询问受访者是否有邀请外来人口到其家中做过客，回答有的赋值为 1，没有的赋值为 0。本研究主要从群体层次展开分析，但是作为一种补充解释以及控制变量，本研究也引入了个体层次的影响因素，包括工作单位所有制性质和权威认同程度两个变量。对前者的测量是根据受访者的工作单位所有制性质进行分类，国有或国有控股以及集体所有或集体控股的被看作是体制内，赋值为 1，其他情况的赋值为 0；对后者的测量是询问受访者对"为了国家利益，我愿意牺牲个人利益"这句话的认同程度，选项包括很同意、同意、说不清、不同意、很不同意，并且分别按 5、4、3、2、1 赋值。另外，性别、年龄、教育程度和婚姻状况作为控制变量,其中婚姻状况变量是虚拟变量,已婚的赋值为 1,未婚的赋值为 0。

三、分析结果

(一) 城市中间阶层对外来人口的社会偏见的描述分析

在 2 269 名城市中间阶层样本中,男性占 53.15%、女性占 46.85%,平均年龄为 33.32 岁。教育程度分布方面,小学占 0.84%、初中占 4.28%、高中占 15.64%、大学占 67.47%、研究生占 11.77%。婚姻状况分布方面,未婚的占 29.93%、已婚的占 70.07%。工作单位所有制性质属于体制外的占 58.92%、体制内的占 41.08%。权威认同程度方面,很不同意的占 4.19%、不同意的占 10.71%、说不清的占 38.03%、同意的占 36.10%、很同意的占 10.97%。主观社会阶层评分的平均值为 5.09 分。在群际接触意愿方面,回答愿意的占 67.83%、回答不愿意的占 32.17%;实际群际接触状况方面,有邀请过外来人口到家中做客的比重为 63.02%,没有过的比重为 36.98%。变量的具体分布见表 1。

表 1　样本的描述性统计与偏见测量得分的方差检验

变量		百分比(均值)	社会偏见测量得分均值	方差检验的 p 值
性别	男性	53.15	18.68	0.418
	女性	46.85	18.54	
年龄	—	33.32	—	—
教育程度	小学	0.84	18.32	0.286
	初中	4.28	19.10	
	高中	15.64	18.88	
	大学	67.47	18.48	
	研究生	11.77	18.86	
婚姻状况	未婚	29.93	18.73	0.389
	已婚	70.07	18.56	
工作单位所有制性质	体制外	58.92	18.36	0.001
	体制内	41.08	18.98	

续表

变量		百分比(均值)	社会偏见测量得分均值	方差检验的 p 值
权威认同程度	很不同意	4.19	18.94	0.000
	不同意	10.71	19.07	
	说不清	38.03	18.95	
	同意	36.10	18.36	
	很同意	10.97	17.71	
主观社会阶层评分	—	5.09	—	—
群际接触意愿	不愿意	32.17	19.93	0.000
	愿意	67.83	17.99	
实际群际接触状况	没有	36.98	19.66	0.000
	有	63.02	18.00	

所有样本的偏见测量得分的平均值为18.61,标准差为4.34,最小值为5分、最大值为35分,受访者的偏见测量得分整体上处于中间偏下的水平,可以认为受访的城市中间阶层对外来人口有中等偏低程度的社会偏见。为了进一步识别同一变量的不同水平下的偏见测量得分差异,我们对所有的类别变量及相应的偏见测量得分进行方差检验,见表1。结果显示不同性别的受访者的社会偏见测量得分没有显著差异,此外,不同教育程度和不同婚姻状况的受访者的社会偏见测量得分也没有显著差异。而不同工作单位所有制性质、不同权威认同程度、不同群际接触意愿和不同实际群际接触状况之间的受访者的社会偏见测量得分存在显著差异,且显著性水平均达0.01,可以初步认为这些变量对城市中间阶层对外来人口的社会偏见有重要影响。需要说明的是,方差检验为双侧检验,而且上述方差检验均经过了巴特莱特(Bartlett)检验,检验的 p 值均大于0.05,可以认为其满足同方差假定。

(二) 城市中间阶层对外来人口的社会偏见的影响因素分析

初步的方差分析显示部分变量对城市中间阶层对外来人口的社会偏见有显著影响,但是其影响的具体效果和模式还不甚清楚。为此,我们将使用最小二乘法(OLS)对上述变量进行回归分析,以期从中发现解释变量对因变量的影响作用。在模型拟合方面本研究采取以下策略,首先在只加入控制变量的情况下进行模型拟合，其次加入工作单位所有制性质和权威认同程度两个变量，然后加入测量身份认同的变量——主观社会阶层评分，最后加入群际接触意愿和实际群际接触状况两个变量。采用上述模型拟合策略的原因有两个：一是逐步清晰地展示不同解释变量的影响效果，特别是身份认同和群际接触两个主要的解释变量的作用；二是通过不断增加解释变量来观察模型整体拟合效果的变化过程，从中筛选出最优模型，模型拟合结果见表 2。

模型 1 的拟合结果显示，性别和教育程度对城市中间阶层的偏见得分均没有显著影响。年龄对因变量有显著影响，年龄每增加 1 岁，则城市中间阶层的偏见得分增加 0.036 个单位。婚姻状况对因变量有显著影响，已婚者比未婚者表现出更低的偏见水平，整体上，前者要比后者少 0.56 个单位的偏见得分。在前期模型拟合时我们也加入了年龄的平方项，试图从中发现年龄对偏见得分更复杂的影响效果，但是年龄平方项在统计上并不显著，而且它与年龄项产生了较为严重的多重共线性，所以在模型 1 最终拟合中没有加入该项，由此我们可以认为年龄越大的城市中间阶层居民对外来人口更加持有偏见，这可能是年龄越大的人的心态趋向保守所导致的。

模型 2 的拟合结果显示，原先模型 1 中各自变量的影响效果在模型 2 中未发生根本性变化，年龄和婚姻状况依然对因变量产生显著性影响。除此之外，受访者的工作单位所有制性质显著地影响其对外来人口的社会偏见，在体制内工作的人要比在体制外工作的人有着更高水平的偏见，整体上要高出 0.61 个单位的偏见得分。在权威认同程度方面，只有持很同意态度的人表现出相比于持很不同意态度的人更低的社会偏见水平。按照以往的研究，具有权威主义人格的人对外群体持有更加负面的社会态度，从而表现出更高的偏见水平（张莹瑞、佐斌，2006）。但是本研究得到了相反的发现，这可能是因为本研究对于权威主义人格的测量稍显简单，而且认同“为了国家利益，我愿意牺牲个人利益”这句话的人可能具备更强的集体主义和奉献精神，反而可能有更高的包容性。另外也可能是持很同意态度的人对本地市民和外来人口的群体划分并不敏感，没有认为它构成了内群体和外群体的区别，因此我们需要加入身份认同变量来进一步考察它对社会偏见的影响作用。

模型 3 中的变量的影响效果与模型 2 中的保持一致，模型 3 在模型 2 的基础上新加入了主观社会阶层评分变量，该变量是作为身份认同的测量变量。拟合结果显示主观社会阶层评分越高的人对外来人口的偏见得分越高，

表 2　城市中间阶层对外来人口的社会偏见的 OLS 回归结果

		模型 1		模型 2		模型 3		模型 4	
		回归系数	标准误	回归系数	标准误	回归系数	标准误	回归系数	标准误
性别(女性=0)		0.062	0.184	0.124	0.185	0.092	0.183	0.143	0.179
年龄		0.036***	0.0137	0.030**	0.0138	0.033**	0.0137	0.022	0.0135
教育程度(小学=0)	初中	1.012	1.092	1.004	1.085	1.062	1.079	0.674	1.055
	高中	0.903	1.030	0.940	1.024	1.055	1.018	0.685	0.996
	大学	0.568	1.015	0.516	1.010	0.804	1.005	0.461	0.983
	研究生	0.962	1.042	0.741	1.040	1.036	1.035	0.640	1.012
婚姻状况(未婚=0)		0.560**	0.238	−0.539**	0.236	−0.429*	0.236	−0.379	0.231
单位所有制性质(体制外=0)				0.610***	0.192	0.615***	0.191	0.559***	0.186
权威认同程度(很不同意=0)	不同意			0.105	0.523	0.261	0.520	0.261	0.508
	说不清			−0.003	0.468	0.202	0.466	0.300	0.456
	同意			−0.612	0.469	−0.349	0.468	−0.102	0.458
	很同意			−1.283**	0.521	−0.959*	0.521	−0.666	0.510
主观社会阶层评分						0.293***	0.053	0.281***	0.052
群际接触意愿(不愿意=0)								−1.338***	0.217
实际群际接触状况(没有=0)								−0.936***	0.209
常数项		17.10***	1.132	17.40***	1.204	18.25***	1.206	20.23***	1.193
R^2		0.0060		0.0204		0.0333		0.0781	
AIC		13 106.95		13 083.88		13 055.73		12 952.02	

注:(1) * $p<0.1$, ** $p<0.05$, *** $p<0.01$(双侧检验)。
(2) 表中报告的是非标准化回归系数。

整体上每增加 1 个单位的主观社会阶层评分，其偏见得分也相应增加 0.293 个单位的分值。依据身份认同理论，社会成员对自身所属群体的内外界限有着明确的感知，群体内部一般有着较强的联系纽带，而对群体外部的人员表现出一定的偏见。本研究虽然没有将身份认同变量操作成为虚拟变量，从而构造出直观的“内—外”群体分界，但是使用连续的主观社会阶层评分也发现了它对社会偏见得分的影响。一般来说，外来人口的社会阶层地位整体不高，城市中间阶层相较于他们有着更高的社会阶层地位，从而具备更大的社会优势，城市中间阶层的这种社会阶层地位优势可能转化为心理优势，从而导致对外来人口这样相对弱势群体的偏见。

模型 4 是本研究的全模型，它在前面模型的基础上加入了群际接触意愿和实际群际接触状况两个变量。拟合结果显示年龄、婚姻状况和权威认同程度中很同意一组的影响效果不再显著，而其他变量的影响效果没有发生变化。群际接触意愿对降低偏见有显著的影响作用，整体上愿意邀请外来人口到家中做客的城市中间阶层居民会比那些不愿意的居民有着更低的偏见水平，偏见得分会少 1.34 个单位的分值。实际群际接触状况对降低偏见也有显著影响，曾经邀请过外来人口到家中做客的城市中间阶层居民要比没有此项经历的市民体现出较低的偏见水平，整体上二者相差 0.94 个单位的分值。需要说明的是，在所有 4 个拟合模型中，模型 4 的拟合优度最高，其中决定系数 R^2 的值为 0.078，比其他三个模型的决定系数数值要大，而且以赤池信息量准则（AIC）来看，模型 4 的 AIC 值最小，这些都说明模型 4 是相对最优的模型。

四、结论与讨论

（一）结论

城市居民对外来人口的社会偏见是后者在城市融入过程中遇到的群体心理现象，而社会偏见有可能转化为实际的社会排斥行为，需要我们给予足够的关注。本研究基于在中国三个城市的调查数据，主要从身份认同和群际接触角度对城市中间阶层居民对外来人口的社会偏见进行研究分析，结果发现城市中间阶层居民对外来人口的社会偏见整体上处于中间偏下的水平。在体制内工作以及自我身份认同地位较高的中间阶层居民对外来人口有着更高的偏见水平，而有群际接触意愿以及实际接触经历的中间阶层居民则表现出更低的偏见水平。社会偏见作为一种群体间的社会心理现象，其产生的路径和逻辑需要从群体层次加以探寻和解释。身份认同理论和群际接触理论都充分阐释了偏见产生的过程，虽然它们的作用机制并不相同，但是我们不应该将其视为互相竞争的理论解释，而应将其看作互为补充的两种视角，它们对解释当下中国城市居民对外来人口的社会偏见有着一定的效力。当然，由于本研究的样本并非都来自概率抽样，所以其结论还有待进一步检验。

（二）讨论

有研究提出群际接触的增多可以减少群体间的负面印象，从而降低甚至消除偏见（张婍，等，2009）。但是关于此类观点的争议相当激烈，人们对群际接触的类型进行了详细分析，他们发现不同类型的群际接触可能会对偏见产生截然不同的效果，本研究也得到了类似的结论，但对接触类型的划分比较简单，所以严格地说，在不区分接触对象和类型的情况下，一般意义上的社会接触并不能稳定地预测偏见的变化。但这并不是说群际接触理论毫无意义，当这种交往是相对深入的交往，比如邀请外来人口到家里做客，那么对外来人口的偏见降低得更明显，群际接触理论有一定的合理性。从更一般的角度来看，实实在在地面对面接触具有重要的作用，且不论群际接触的类型如何，至少它让城市中间阶层居民和外来人口发生了社会交往，而这种交往必然具有一定的社会性意义。

中间阶层作为西方现代社会发展过程中出现的一支重要的社会力量，其社会性和政治性的行为和态度一直受人关注。在全球化的今天，中间阶层恐怕要面对相比于以前更大规模、更复杂的局面，这种局面令他们对移民的偏见也呈现出多样性。移民不断增多，中间阶层可能需要付出相比于平时更多的税额，而政府将这些税收更多地用于移民福利和权益，从而导致中间阶层对付出和回报间差距的扩大感到不满，进而产生偏见和排斥，这也是群际威胁中现实威胁的体现（李煜，2017）。与此矛盾的是，大部分关于中间阶层的研究可能都不认为它是一个保守的力量，因为他们普遍受过更高的教育、有着较为体面的工作以及令人满意的收入，特别是对中间阶层文化的认同令他们更愿意坚守公平与正义的信念，这些因素都会限制他们对移民偏见的产生。但是米尔斯（C. W. Mills）很早就关注到西方中间阶层对自身地位的复杂情感（米尔斯，2006：189），一种对保卫自身社会阶层地位的恐慌从其成为中间阶层的那一天起就如影随形了。

中国的中间阶层产生于特定时空，同体制的关系更加紧密，这样一种天然的联系使得中国的中间阶层对地位更加在意（李路路、李升，2007），因而阶层认同的作用在中国有不同的表现，那些认同自己拥有更高社会阶层地位的城市居民对外来人口具有更强烈的偏见，这种偏见用现实利益的威胁来解释可能还不足够，反而是中间阶层背后的象征性意义给人以更坚实的安全感，而所谓象征性意义要同过去的体制联系起来。长远来看，新型城镇化不仅意味着更多的外来人口在城镇地区立足，它还意味着对原有城市社会结构的冲击，以及对利益结构的挑战。国外移民机构及相关政策制定部门对本国国民对外来移民的偏见保持着特别关注，如欧盟及欧洲的很多国家都特别设立了相关机构，不断检视现有政策是否具有社会排斥的倾向，这些国家的做法对于中国来说是很好的参考。

但是中国的情形又不同于西方国家，而且面临的情况更加复杂。所谓外来人口不是真正意义上的外部移民，他们同城市居民一样都是中国公民，但是已有制度安排将两个群体予以区分，彼此的标签清晰明了。城市居民同外来人口的群际接触还只是最近二三十年的事情，在此之前，严格的户籍制度导致两个群体缺乏面对面的社会互动机会和经历，群体之间的刻板印象日积月累并被不断放大，而这一切都需要改观，需要我们就此关注一些社会心态和群体性心理现象。城市的发展本来就是人群不断聚集的过程，这个过程同时还是文化多样性的过程，如何让城市居民适应这种现状和趋势，如何使两个群体更好地展开社会交往从而强化社会整合是需要我们关注和思考的，本研究有以下几个方面的启示。首先，创造机会增加城市居民与外来人口的广泛接触，使城市居民具有积极的接触经验，从而减少对外来人口的偏见。其次，持续改革不合时宜的政策，调整原有不公平的既得利益格局。最理想的情况是使经济保持活力，从而在私营经济部门也就是体制外开拓出更多的社会流动空间，扩大中间阶层的规模，吸纳外来人口，使新型城镇化的成果惠及包括外来人口在内的所有人。最后，进行适当的、有效的宣传和教育，培养城市居民具备更加开放包容的现代性社会心态。城市居民需要意识到，更多的外来人口将长期居留在他们的城市并最终成为这个城市的正式市民，与他们的社会交往是不可避免的，应该积极客观地看待这些交往。积极的面对面交往有利于两个群体认识和了解彼此，但更重要的是，只有具备真正的开放包容的社会心态，才有可能减少甚至消除偏见，城市居民在这方面可能需要先走一步。

参考文献

[1] C. 莱特·米尔斯. 白领：美国的中产阶级[M]. 周晓虹，译. 南京：南京大学出版社，2006.

[2] E. 迪尔凯姆. 社会学方法的准则[M]. 狄玉明，译. 北京：商务印书馆，1995.

[3] 黄家亮. 论社会歧视的社会心理根源及其消除方式：社会心理学视野下的社会歧视[J]. 思想战线，2005(5)：89-93.

[4] 李路路，李升. "殊途异类"：当代中国城镇中产阶级的类型化分析[J]. 社会学研，2007(6)：15-37.

[5] 李琼，郭永玉. 作为偏见影响因素的权威主义人格[J]. 心理科学进展，2007(6)：981-986.

[6] 李森森，龙长权，陈庆飞，等. 群际接触理论——一种改善群际关系的理论[J]. 心理科学进展，2010，18(5)：831-839.

[7] 李艳敏. 想象性群际接触、接触经验对农民工内隐偏见的影响[D]. 苏州：苏州大学，2012.

[8] 李煜. 利益威胁、文化排斥与受挫怨恨——新"土客"关系下的移民排斥[J]. 学海，2017(2)：83-92.

[9] 刘林平. 交往与态度：城市居民眼中的农民工——对广州市民的问卷调查[J]. 中山大学学报(哲学社会科学版)，2008(2)：183-192.

[10] 迈克尔·A. 豪格，多米尼克·阿布拉姆斯. 社会认同过程[M]. 高明华，译. 北京：中国人民大学出版社，2011.

[11] 孙连荣，杨治良. 社会偏见与群际威胁在群际冲突发生过程中的作用[J]. 心理科学，2013，36(4)：949-955.

[12] 王嘉顺. 区域差异背景下的城市居民对外来人口迁入的态度研究：基于2005年全国综合社会调查数据[J]. 社会，2010，30(6)：156-174.

[13] 王嘉顺. 城市居民对流动人口的社会包容性：以厦门市的中产阶层为例[J]. 南方人口，2015，30(2)：23-30.

[14] 王沛，刘峰. 社会认同理论视野下的社会认同威胁[J]. 心理科学进展，2007(5)：822-827.

[15] 杨宜音. 个体与宏观社会的心理关系：社会心态概念的界定[J]. 社会学研究，2006(4)：117-131.

[16] 叶俊焘,蒋剑勇,钱文荣.城市居民对进城农民工态度的影响因素研究——基于群体间交往的视角[J].浙江社会科学,2011(10):95-100.

[17] 张婍,冯江平,王二平.群际威胁的分类及其对群体偏见的影响[J].心理科学进展,2009,17(2):473-480.

[18] 张莹瑞,佐斌.社会认同理论及其发展[J].心理科学进展,2006(3):475-480.

[19] 张智勇,陶育兵.论对"外来从业人口"的偏见[J].江淮论坛,1997(4):57-62.

[20] 朱力.群体性偏见与歧视——农民工与市民的摩擦性互动[J].江海学刊,2001(6):48-53.

[21] ALTEMEYER B. The other "Authoritarian Personality"[J]. Advances in experimental social psychology, 1998, 30: 47-92.

[22] SIBLEY C G, et al. A dual process model of attitudes towards immigration: person × residential area effects in a national sample[J]. Political psychology, 2013, 34(4): 553-572.

[23] COHRS J C, STELZL M. How ideological attitudes predict host society members' attitudes toward immigrants: exploring cross-national differences [J]. Journal of social issues, 2010, 66(4): 673-694.

[24] DUCKITT J. A dual-process cognitive-motivational theory of ideology and prejudice [M]//Advances in experimental social psychology. San Diego: Academic Press, 2001, 33: 41-113.

[25] DUCKITT J. Differential effects of right-wing authoritarianism and social dominance orientation on out-group attitudes and their mediation by threat from and competitiveness to out-groups[J]. Personality and social psychology bulletin, 2006, 32(5): 684-696.

[26] DUCKITT J, SIBLEY C G. Right-wing authoritarianism and social dominance orientation deferentially moderate inter-group effects on prejudice [J]. European journal of personality, 2010, 24(4): 324-340.

[27] GORDON W A. The nature of prejudice[M]. New York: Basic Books, 1954.

[28] SIDELONG J, PRATTO F. The inevitability of oppression and the dynamics of social dominance[C]//SNIDERMAN P M, TETLOCK P E, CARMINES E G. Prejudice, politics and the American dilemma. Stanford: Stanford University Press, 1993.

[29] CRAIG M A, RICHESON J A. Not in my backyard! Authoritarianism, social dominance orientation and support for strict immigration policies at home and abroad [J]. Political psychology, 2014, 35(3): 417-429.

[30] PRATTO F, SIDANINS J, STALLWORTH L M, et al. Social dominance orientation: a personality variable predicting social and political attitudes[J]. Journal of personality and social psychology, 1994, 67(4): 741-763.
[31] STEPHAN W G, AGEYEV V S, COATES-SHRIDER L, et al. On the relationship between stereotypes and prejudice: an international study[J]. Personality and social psychology bulletin, 1994, 20(3): 277-284.
[32] STEPHAN W G, YBARRA O, BACHMAN G. Prejudice toward immigrants[J]. Journal of applied social psychology, 1999, 29(11): 2221-2237.

生活质量视角下对中国城市住宅形态问题的思考

周建高*

摘　要　“城市，让生活更美好”是鼓舞人心的口号。居住是构成美好生活的十分重要的元素。中国城市住宅形态是中国特有的土地制度和城市建设方式决定的。在城市政府垄断土地卖方市场下，通过招拍挂的方式转让土地使用权，土地所有者和房地产开发商从利益最大化出发，采取集中连片开发的方式建设住宅，使城市住宅高度密集、住宅形态单一、居住区规模庞大。高密度居住区缺乏隐私、安宁，压抑精神，交通拥堵，犯罪率高。住宅形态单调缺乏识别性，限制了居民的选择自由，严重影响居民生活质量。城市住宅不仅应该价格可负担，而且应该形态多样化以适应社会多元价值观下的需求，居住区需要宁静、安全，住宅应该有助个人身体和精神的发育成长、有助于社会的形成。

关键词　城市　住宅　过密　生活质量

改革开放四十余年来，百姓对于消费品的需求，由饥不择食到比较选择，开始讲究商品质量、生活质量。产业界在大多数产品供过于求的情况下，开始注重以产品和服务质量、信誉取代廉价为竞争手段。全社会质量意识开始确立。居住方面，不仅建筑界一直关注住宅的材料、工艺、设计、维修等，作为市民的关注点，从无房到有房，从小房子到大房子，然后追求居住区设施配套、周边环境等，体现了居住质量的提高。作为中国现代化的当然内容，百姓衣食住行的改善不仅源自对于自身生活状态永不满足的人类本性，也是各级政府工作的当然对象。住房既是生活的道具，又是生产的对象、研究的对象，有关房地产经济、金融、消费等的研究成果汗牛充栋。2018 年政府工作报告首次提出“高质量发展”，不单经济，社会、生活都有高质量发展的任务。在目

* 周建高，天津社会科学院社会学治理研究中心研究员。

前我国城镇人均住房面积已经接近高收入国家的情况下，思考居住的现有问题和今后的发展方向是当务之急。本文总结我国城市住宅形态特点，反思其中存在的问题，期待引起社会重视，共同思考提高我国居住质量的方向和途径。

一、城市住宅形态的中国特色

（一）集合住宅化

1. 关于城市住宅的固定印象

在当代中国社会，一提起城市住宅，人们想到的就是集合住宅，即一栋建筑内几十套住宅密集在一起的住宅群楼。一栋建筑内只住一户人家的独立住宅，原本是自然状态，而今被称作“别墅”，成为高档住宅的象征。别墅本意指日常居住的房屋之外的独立住宅，偶作休闲之用。现在我国统计中也把城市中的独立住宅用“别墅”一词指称，事实上是误用，日常居住的住宅不能称作别墅。城市住宅就是集合住宅、农村住宅就是独立住宅，这已经成为中国社会关于住宅形态的城乡差异的固定印象，以致有的中国人到美国旅游，看到美国城市住宅区一栋栋不太高大的独立住宅楼、平房或者二三层的小楼，惊呼美国城市“像农村”。一些在中国以高楼大厦为城市固定形象的国人到了欧美，看到成片低矮的建筑，颇感失望。

2. 城市化过程变成住宅集合化过程

如今我国大多数城市，40 年以上房龄的住宅只有很小一部分，最近 40 年乃至 30 年间整个城市住宅基本上都更新了一遍，而且新建的数量已经大大超过原来的数量。总体趋势，是住宅楼从多层转向中高层、高层①。城镇中无论改造还是新建的住宅，平房早就没有了，3 层以下的低层也极少，高层的比重越来越大。而且，城镇化过程即把郊区变成市区的过程中，不少地方把独立住宅改造为集合住宅的过程当作推进城市化。

当今中国集合住宅发展程度可能是世界最高。几户、几十户人家共同居住在一栋建筑内的集合住宅，除了福建的土楼外，在我国传统建筑、传统住宅形式中似乎没有，而是近代以来首先在沿海城市的外国租界中出现的，在城

---

① 1993 年公布的《城市居住区规划设计规范》中，住宅建筑根据高度划分的种类是 1～3 层为低层、4～6 层为多层、7～9 层为中高层、10 层以上为高层。

市住宅总数中只占极小部分。改革开放以来，在旧城改造、危房改造、棚户区改造过程中，住宅楼越来越高，21 世纪以来普遍出现高层住宅。新农村建设、宅基地换房运动，也可以看作是平房、独立住宅集合化的过程。集合住宅（即统计中的“公寓”或“普通住宅”）在城市住宅总数中的比重，2009 年全国城镇平均为 89.3%，在 35 个大中城市存量住宅中占 97.2%。2010 年上海市 5.264 亿平方米住宅总面积中，带有独立院子的“花园住宅”仅占 3.92%。因此可谓我国城市住宅已经集合化了。美国总计 1.19 亿（2001 年）套住宅中独立住宅占 76.8%，7 层以上的集合住宅只占 1.8%。东京都区部依然有约 3 成居民生活于独立住宅中。

（二）居住区规模大

与国外城市居住区比较，我国城市居住区具有显著的特色。为了规范居住区的规划设计，主要是为防止过多占用土地，建设部会同有关部门共同制定的《城市居住区规划设计规范》（以下简称“规范”），1993 年 7 月 16 日发布，1994 年 2 月 1 日起施行。现有城市居住区主要是受 93 版“规范”约束建设的。“规范”把城市居住区设定为“居住区”“居住小区”和“组团”三级，对应的居住人口规模分别是居住区 3 万～5 万人、小区 0.7 万～1.5 万人、组团 0.1 万～0.3 万人。三级划分是根据居民基本生活的三个不同层次的要求，例如，小区规模应设一所小学，居住区应有百货商场、门诊所、文化活动中心等，便于配套公共设施的建设。一定的人口规模是为适应配套设施经营的经济性要求，也为与城市行政管理体制相协调，例如，0.1 万～0.3 万人与居委会相应、3 万～5 万人与街道办事处相应。

从建成的城市居住区看，不少规模较大的居住区人口总数相当于一个城镇甚至一座城市。1959—1967 年的上海市彭浦新村有 3 万人，1958—1969 年的马鞍山市雨山居住区有 4.5 万人，1976—1978 年的北京市前三门大街有 3.3 万人①。北京市 1982 年规划的五路居居住区用地 85.81 hm^2，可容纳 6.6 万人。20 世纪 80 年代中期规划的方庄居住区，位于北京市东南二环，现在分芳古园、芳城园、芳群园、芳星园、紫芳园、芳城东里 6 个小区，占地

① 国家建委建筑科学研究院城市建设研究所.城镇居住区规划实例 1[M].北京：中国建筑工业出版社，1979.
国家城市建设总局城市规划设计研究所.城镇居住区规划实例 2[M].北京：中国建筑工业出版社，1981.

总面积5.53 km^2，建筑面积268万m^2，居民6.9万人。20世纪90年代以来与住房制度改革相应，房地产成为支柱产业，大型居住区如雨后春笋在全国各大中小城市涌现。北京市望京居住区，20世纪90年代初开始建设，现有常住人口约30万人，总建筑面积达350万m^2，总规划占地16 km^2，总居住人口将达50万～60万人，相当于一个标准的中等城市。北京市天通苑是1999年开始建设的大型居住区，占地面积1 000 hm^2，常住人口28万①。另一个大型居住区北京市回龙观也始建于1999年，规划总建设用地约11.27 km^2、总建筑面积约850万m^2、居住人口约30万人。一般把总建筑面积大于50万m^2的居住区称为大型居住区。北京居住区的规模经历了街坊邻里、居住小区、居住区、大型住区这一过程。城市边缘大型住区的开发始于20世纪80年代，90年代进一步发展，2000年进入了建设高潮。20世纪50年代住宅区面积是几公顷、十几公顷，20世纪90年代开始几十公顷、上百公顷乃至几百公顷。

聚落规模千人就是一个小镇，万人、数十万人的居住区，完全是一个城市的规模。截至2013年1月1日，日本共789个市中，1/3的市人口规模在5万以下、1/3的市人口规模在5～10万人，另外1/3规模在10万人以上。规模最小的北海道歌志市人口仅4千余②。

（三）封闭住宅区

我国居住区的特色之一是多数居住区都有围墙或栅栏，间隔住区内外空间，使住区形成空间上相对独立的单位，只有一两个出入口，出入口有人值守。居住区内部空间只供本小区的人利用，“闲杂人员”“外来车辆”都不得随便出入。

（四）住宅品种很少

不同国家有不同种类的住宅，住宅品种、类型、数量、质量受地理环境、科技水平、观念意识等多种因素影响。美国表示住宅的名词有house、home、duplex、triplex、condo、townhouse、apartment、mansion、villa等。日本住宅按照建筑风格分为和风住宅、洋风住宅、欧风住宅等，住宅统计中根据住宅建筑的结构及邻居间的关系，将住宅分为一户建、长屋、共同住宅、其他等类。一户建指一栋一户的独立住宅；长屋是日本传统的城市住宅，几户人家并联一起的

---

① 北京商报网.天通苑：“冷热不均”的超级社区[EB/OL].（2016-11-30）[2017-10-12]. http://www.bbtnews.com.cn/2016/1129/171260.shtml.

② 李燕，顾朝林.日本当代城市制度研究[J].日本研究，2013(2)：36.

住宅，有平房也有2～5层的楼房；共同住宅即我国所谓公寓；其他指企事业机构的用于居住的非住宅建筑，包括宿舍、医院和疗养所、宾馆旅店等。

我国住宅种类，从一般大众传媒、统计年鉴的分类看，屈指可数。在表达国外的住宅类型或者翻译表示住宅种类的名词时，往往感到没有现成名词可以确切表达。我国关于住宅的词语较少，说明生活中住宅种类较少。或者说，现实中有的多种住宅，尚未有确切的专有名词来表达，说明在统计上、研究上还不完善。

二、现有居住形态的主要问题

与任何事物一样，住宅、住区形态，从不同立场、视角观察，会有不同的发现。中国现有城市居住方式，从土地所有者（城市政府）、房地产开发商、物业管理者角度看，统一规划、统一设计、统一建设、统一管理的集合住宅，节省土地、节约材料和人工、建设成本低、经济收益好。但是从城市居民的立场看，从生活质量角度观察，我国现有的城市住宅形态存在不少问题。

（一）集合住宅的问题

日本城市化率已达91%，城市住宅以独立住宅为主。根据2008年住宅与土地调查数据，从住宅建筑栋数看，集合住宅只占总数的8.3%①。日本学者认为，以公寓为主的集合住宅存在下列问题。

1. 安全问题

（1）犯罪。高层住宅必须使用电梯，电梯这一密闭空间易成为犯罪场所，尤其对于幼儿、女性。建筑容易出现死角，加上邻居间相互不熟悉，难以分辨可疑者。住宅结构雷同也给侵犯空宅的罪犯以可乘之机，侵入过两三次住宅后便轻车熟路。1951年在美国密苏里州圣特利斯建设了由著名建筑师设计的公共高层住宅。该地本来就是贫民窟，高层住宅宽敞的公共空间反而让犯罪分子随意侵入，最终整个小区沦为犯罪窟，住户纷纷迁离，几年后空房率超过七成，终于在建成后仅20年的1972年爆破拆除。

（2）日常生活安全。①儿童对高度感觉迟钝，蕴含坠伤的危险。织田正

① 周建高.从统计看当今日本住房状况[N].中国社会科学报，2012.

昭曾经在东京都某高层住宅的保育园内，借 NHK 制作电视节目的机会做了实验，证明高层居住的儿童对于高度的恐惧显著弱于低层居住儿童。习惯了高层居住的儿童对于高度感觉迟钝，麻痹大意，增加了坠伤的危险。②高楼抛物、坠物风险。③火灾等非常事件。根据织田正昭对高层小区的调查，有入园小孩的母亲，不管居住哪一层，乘电梯时感到某种不安的占 62%。具体说来，担心电梯停电者有 78.1%，担心地震者有 64.3%，担心犯罪、性骚扰有 59%，担心火灾者有 44.4%，担心事故者有 30.3%①。

2. 公寓管理问题

集合住宅的管理包括建筑物与设备的维持管理，管理费的征收、支付等，生活管理如制订公约礼仪、规则等，还有业主会的运营管理②。以公寓管理为例，日本对于公寓管理的调查发现，没有发生过困惑的业主会只有 7%。绝大部分公寓业主会都发生过问题，问题内容十分繁杂，从理事会、业主会的运营，区分所有法、标准管理规约的解释、物业费的滞纳、噪音宠物等的邻居纷争等。调查发现 41.4%的公寓出现过物业费滞纳问题，物业费滞纳成为众多公寓中的严重问题。根据 2008 年 10 月所作的针对物业管理者和户主的问卷调查，公寓居住存在的问题有：居住者的礼仪、违法停车（包括自行车）、建筑物状态不好、物业管理、邻居关系、业主会的运营、费用负担，以及管理规约等。

3. 社会交往问题

集合住宅、高层住宅对于社会交往存在不利影响。织田正昭从医学、母子保健学立场，就高层住宅对儿童和孕产妇的不利影响所作研究发现，高层公寓的居民因出门较麻烦而减少外出，由此产生多种问题。育儿期母亲的自觉体力要比实际年龄老很多，过度的压力积累加快人的老化，降低人的免疫机能而导致容易患癌，也是女性皮肤粗糙的原因。

4. 对于儿童成长的负面影响

高层住宅生活对于儿童生长发育有不少负面影响。外出不易加上担心事故、犯罪等，高层儿童减少了无效外出，对游戏机等的依赖越来越强。母子成日粘在一起，导致相互依赖过强，妨碍了婴幼儿日常生活的自立。调查显示，高层住宅（14 层以上）中生活的儿童在刷牙、漱口、招呼、穿脱衣服等基本

---

① 织田正昭.高層マンション子育ての危険[M].株式会社メタモル，2006：34.

② 扇田信.住居学概論[M].朝倉書店，2002：150.

生活习惯的自立比例，比低层住宅（5层以下）的儿童低。高层居住使问题儿童比重增加。3～5岁幼儿的尿床频度，在5层以下的群组中占9.5%，而在高层群组中达27.3%。尿床的关联因素很多，其中之一是压力感的心理因素。儿童游乐需要时间、空间和伙伴三个要素。高层公寓中的孩子们缺乏玩乐场所。空地都变成了停车场或者网球场。少子化时代，家中兄弟姐妹少、社区里玩伴少，而玩乐是儿童顺利走向成人社会的阶梯。调查发现，儿童每天户外游玩时间，普通住宅居住者平均有2.7小时，集合住宅只有2.2小时，而6楼以上高层居住的儿童只有2.1小时①。

（二）过密居住的问题

我国城市人口密度之高在全世界罕有其匹。任何一个旅游者都可以直观地发现这点。我国《城市规划法》《城市居住区规划设计规范》的主要宗旨之一是严格控制人均用地面积以节省土地，经济、合理、有效地使用土地和空间，因此严格限制人均用地面积上限。根据城市的规模（大、中、小）、居住区的层级（居住区、小区、组团）、住宅楼的形态及其组合，规定了人均用地面积指标。在用地指标约束下，住宅不得不集合化，而且越造越高，造成居住高密度。按照1993年版居住区规划设计规范的用地指标建成的居住区人口密度，如果在大城市，不算低层住区，居住区476～1 429人/hm^2，居住小区的多层高层混合型住区为714～909人/hm^2。北京市20世纪90年代开始建设的居住区，东方雅苑、融泽府、星河湾、沿海·赛洛城等，人口毛密度在580～755人/hm^2之间②。在世界各国城市住区规划建设中影响深远的邻里单位住区规划原则中，一个住区的居民总数是与一所合理规模的小学相适应的3千～5千人之间，占地约160英亩（约合65 hm^2）③，折合居民密度约为46.3～77.2人/hm^2。按照纽约每套住宅1.7人的平均数折算成人口，每公顷（hm^2）土地上英国102人、美国187人就被认作高密度。因此，假设密度的计算方法相同，我国北京市居住区的人口毛密度约为英国的4～7倍、南非的2～5倍。我国土地管理、城市规划的技术规范已经严格限制了人均用地面积，造成居住区和建成区人口高密度。而在实际的城市建设中，某些开发商、规划官员为了私利还伪造容积率，突破容积率技术标准，使得实际建成的居

① 织田正昭.高層マンション子育ての危険[M].株式会社メタモル，2006：68.

② 武勇，等.居住区规划设计指南及实例评析[M].北京：机械工业出版社，2009：189-282.

③ 吴志强，李德华.城市规划原理[M].第四版.北京：中国建筑工业出版社，2010：492.

住区密度比标准更高①。

肖金成、党国英在论述我国现行土地管理制度问题时，也提到了我国城市居住区人口密度高，不利于健康，影响居民生活质量的问题，建议人口空间布局规划在以人为本的理念下，遵守健康、自由、公序、平等、效率、可持续的原则②。居住过密造成的问题主要有以下几点。

1. 拥挤、拥堵及交通事故

拥挤有不同的情况。一种是住宅人均居住面积过小，人均居室数量少，居住拥挤；另一种是公共场所单位面积内人员过多，例如巴士、地铁车厢和商场、医院中人员过多。拥堵一般指城市道路、港口等处机动车、船只等无法顺畅通行而出现的停滞。由于人均城市用地面积过低、居住区过密，我国城市的拥挤拥堵十分突出。在自行车为主要家庭交通工具的时代，拥挤拥堵在各地城市已经普遍存在。20 世纪 90 年代规划建设的大多数居住区没有或者很少供居民私家车停放的空间。根据对北京市 20 世纪 80 年代规划设计的恩济里、西坝河东里、安苑北里等 11 个居住区经济技术指标的计算，居住区内人均道路面积超过 1.0 m^2的只有 3 个小区，其余都在 1.0 m^2以下。最大者马家堡人均道路面积 2.42 m^2，最小者南磨房仅 0.15 m^2。根据城市交通规划设计规范，自行车停车场每辆自行车停车面积(m^2)，各种摆放方式综合平均需要 1.82 m^2。小汽车平均需要停车面积约 30 m^2。2000 年北京市城镇居民人均 0.8 辆自行车，需要停车面积 1.46 m^2。20 世纪 80 年代建成的居住区，道

① 根据网络资讯，为了牟利而突破规范容积率的例子有：(1) 潇湘晨报网.规划局主任修改容积率敛财被判刑[EB/OL]. [2019-02-11]. http://www.xxcb.cn/event/hunan/2016-08-25/9062746.html.(2) 红网.开发商擅改容积率 500 居民状告长沙规划局不作为[EB/OL]. [2019-02-11]. http://hn.rednet.cn/c/2010/08/30/2051923.htm.(3) 网易新闻.房大本小让小区变“小”了开发商容积率造假[EB/OL]. [2019-02-11]. http://news.163.com/10/0831/11/6FDP2E9200014J7L.html.(4) 天涯社区.成都万达一号欺诈上千名业主，售房合同严重造假，规划 33 层却建到 48 层(转载)[EB/OL]. [2019-02-11]. http://bbs.tianya.cn/post-develop-2364399-1.shtml.(5) 凯迪社区.武汉 CFD 窝案，政府公文主导的容积率腐败(上)[EB/OL]. [2019-02-11] http://club.kdnet.net/.dispbbs.asp?id=12482030&boardid=25.(6) 2 150 个房地产项目因违规变更规划调整容积率被查[EB/OL].[2019-02-11]. http://www.gov.cn/jrzg/2010 12/24/content_1772503.htm.(7) 中安在线.伪造业主签名　重庆一开发商变更容积率获利近亿元[EB/OL].[2019-02-12]. http://www.anhuinews.com/zhuyeguanli/system/2010/04/08/002785658.shtml.(8) 中华人民共和国住房和城乡建设部.关于深入推进房地产开发领域违规变更规划调整容积率问题专项治理工作情况的通报[EB/OL].[2019-02-12]. http://www.mohurd.gov.cn/wjfb/201004/t20100430_200612.html.

② 肖金成，党国英.城镇化战略[M].北京：学习出版社，2014：302-304.

路面积不够停放居民的自行车。现在机动车时代，按照北京市2015年年末小汽车普及率195.5辆/千人推算，北京市需要的人均停车面积为5.9 m^2。按照1993年版“规范”建设的居住区内人均道路面积，在大城市1.2～3.25 m^2、中等城市1.2～3.3 m^2、小城市1.9～3.9 m^2。居住区内道路面积根本无法容纳本小区居民的停车需求。

在21世纪以来家用汽车快速普及的同时，城市人口密度却有增无减。随着城市化带来建成区面积的扩大，许多城市周边地区人口密度迅速增加，一些新城区的人口密度甚至比老城区更大。2000—2010年间北京市1 200 km^2面积内密度上升了50%，从5 000人/km^2增加至7 500人/km^2，2 000 km^2面积内密度上升了48%。2010—2013年，首都功能核心区平均增加了541人/km^2，西城区密度则增加了1 182人/$km^2$①。

虽然不能说交通事故都起因于交通拥堵、城市过密，但交通事故发生率显然与城市交通拥堵、人口过密有关。2016年全国共接报道路交通事故864.3万起，其中涉及人员伤亡的道路交通事故212 846起，造成63 093人死亡、226 430人受伤，直接财产损失12.1亿元。道路交通事故万车死亡率为2.14。世卫组织根据卫生部门数据推测，中国每年车祸死亡在20万人之上②。仅仅交通拥堵带来的时间、燃料、环境损失折合成货币，据欧盟委员会的研究，道路堵塞在欧盟国家造成的损失可达GDP总量的2%。根据滴滴出行和第一财经商业数据中心发布的报告，2016年因为交通拥堵而造成人均损失的前三位城市分别是北京8 717元、广州7 207元、西安6 960元③。

2. 邻居相互影响问题

居住过度密集带来社会交往问题。心理学研究显示，人均用地、人均居住面积过小，居住区过度密集，导致个人空间不足、私密性受侵害、领域感缺乏，会有多方面消极影响。奈良女子大学住生活学研究室今井范子在1976年9月对日本住宅公团香里团地384户租赁住宅的调查中，把住户相互间造成的邻居麻烦共分9类：①生活杂音：冲水马桶和浴室的排水声、儿童的叫喊哭泣声、弹奏乐器声、开关门户声、讲话声、家具移动声等，20世纪80年

① 周建高.降低居住密度与治理城市拥堵的关联度[J].改革，2016(4)：64-73.

② 买车网.2017年，中国道路交通事故死亡人数到底是多少？[EB/OL].[2019-01-01].https://www.maiche.com/news/detail/1320823.html.

③ 2016智能出行大数据报告.北京交通拥堵人均成本8 000元[EB/OL].(2017-01-13)[2017-02-27]. http://www.guancha.cn/economy/2017_01_03_389228.shtml.

代曾经发生过因上楼和隔壁邻居声音产生纠纷，导致居民间伤害事件；②漏水、滴水；③灰尘，主要是阳台上拍打毯子、被子衣服等产生的；④宠物问题，如叫声、毛发、气味；⑤气味：犬、猫、兔等的粪尿，阳台盆栽的肥料，邻居家烹调鱼、大蒜的味道等；⑥烟雾：楼上楼下烹饪产生的烟气；⑦隐私不易保护，自家动静容易被对面楼栋的人看到；⑧受打扰：邮寄报刊等的丢失，不时经过的商贩；⑨其他：有的人完全不参加清扫楼梯、道路，垃圾随意抛弃、放置。①

城市噪声不仅有交通运输工具、建筑施工的大型机械使用导致的巨大声响，还有住宅周围的噪声。垃圾清运车的声音，小商贩叫卖声，邻居装修的声音，甚至说话、唱歌、运动产生的声音，由于距离太近，都成为噪声而影响日常生活。根据社会心理学、环境心理学研究，噪声的负面影响有：①引起不愉快的心境，降低助人的意愿。②影响工作绩效。耶克尔斯—多德森定律和唤醒理论认为，噪声引起的过高水平的唤醒会妨碍任务绩效。环境负荷理论认为，噪声越是不可预见，越容易引起人的注意，对绩效的干扰也越严重。③影响当面交流，噪声影响面对面谈话的效率。④影响健康，长期在高噪声环境下不仅损伤听力，而且损害视力；噪声环境还增加应激，引发精神病、高血压、肠胃病、胎儿畸形等严重后果。

生态学家普遍认为，人类像其他动物一样需要领地来确保安全和不被打扰，领地是个人自我表达、鼓励刺激自我所必需的。拥挤会瓦解这样的行为。有研究认为，大量的越轨行为与人口密集高度相关，密集居住或拥挤的感觉带给人的压力和紧张可能会诱发产生进攻或退缩的行为，如果这些行为不能如愿以偿，还可能诱发心理或生理上的疾病。许多研究都说明，高耸拥挤的楼房会对社会关系和孩子成长造成负面影响②。

3. 高密度造成的心理问题

20 世纪 60 年代到 70 年代初，心理学家以老鼠为对象，就高密度环境对动物行为的影响进行过充分研究。结果表明，一定空间内随着老鼠数量的增加，老鼠的行为越来越怪异，大多数雄鼠不再保卫领域、寻找配偶，大多数雌鼠不再起到生育养育后代的作用，因此出生率下降、幼鼠死亡率极高。老鼠

---

① 扇田信.住居学概论[M].朝倉書店，2002：159.

② 保罗·诺克斯，史蒂文·平齐.城市社会地理学导论[M].柴彦威，张景秋，等译.北京：商务印书馆，2009：263.

甚至同类相残。

社会学家研究了不同密度下人类不同的情感和行为差异。观点千差万别，一般说来，短期拥挤，例如在公共汽车车厢内、售票处等情况下，高密度会引起普遍的消极情感反应。空间密度增加后，男性的攻击行为随之增加。社会高密度和空间高密度都会导致复杂迷津任务绩效降低，而且社会高密度下绩效降低更显著。长期拥挤的影响不那么显著，但环境心理学家通过对学校和监狱的研究发现，监牢里关押的人越多，犯人高血压、精神病等发病率越高，死亡率越高。鲍姆和瓦林斯(Baum & Valins，1977)研究发现，即使人均使用面积和每一楼层使用人数相同，在走廊宿舍中，几十人共用一个浴室和休息室，人与人之间不得不产生不必要的接触，因此更多显示出回避他人的倾向。彼此极少建立交往和友谊，多数人报告他们的朋友不在本楼层内。与他人合作完成任务时，效果比成套住宅居民差许多。比克曼(Bickmen, et al.，1973)等人对高密度、中密度和低密度宿舍楼中的亲社会行为的研究结果显示，密度越大的居民，助人行为越少。关于住宅密度对于人们行为的影响，尽管研究不多，但仅有的一些实验研究表明，与居住在低密度家庭中的儿童比较，居住在高密度家庭中的儿童任务绩效和控制能力较差。社会学研究显示，社会高密度宿舍的居民去医院就诊的次数更多，即疾病与内密度有关①。

4. 安全问题

高密度居住使传染病危害成倍扩大，人群密集场所容易成为恐怖袭击的目标，还有地震、火灾、战争等意外事件，都因人口过密使灾害更加集中、严重。1976 年唐山大地震，死亡和重伤者总计达 40 万人，是人类历史上迄今为止最大的城市灾难。1923 年东京大震灾也造成 10 多万人的伤亡。现代核武器如果攻击人口密集的大都市，后果不堪设想。2003 年"非典"在香港和北京的流行，令全世界惊慌不已，许多人对此应该记忆犹新。

5. 压抑精神个性的发展

人的嗜好与外貌一样，几乎没有两人相同的。人人都有满足自己嗜好、发展自己个性的平等权利。高密度集合住宅区，个性发展受到很大压抑。由于邻居太近，不同爱好的人容易发生冲突，不是相得益彰而是相互妨碍。独立住宅可以把自行车、小汽车等运输工具停放在自家车库或者房前屋后，有

① 林玉莲，胡正凡.环境心理学[M].第二版.北京：中国建筑工业出版社，2006：113-116.

院子的话可以种植草木，饲养禽畜，可以学建筑，做木工瓦工，这些在集合住宅中是不可能的。不仅如此，在集合住宅中，平时说话、走动、移动物品都得顾及对邻居的影响，儿童不能奔跑，不能拍球，不能唱歌跳舞，不能弹琴吹号。由于大多数住宅面积有限，成人无法在家宴客，儿童也不容易到邻居家玩。

（三）住宅类型单调的问题

好奇心是人类生命的源泉，也是知识、艺术的动力。人类精神不断追求新鲜刺激，肉体才有活力，才有文明进步。食物、服饰、居处、出行方式，需要经常改变。社会交往中需要给物、人定名或者有固定符合标志，才能不致混淆。城市建筑需要多样化，易于辨别。中国城市住宅类型很少，无论外观还是内部结构，大同小异，像兵营又像蜂巢。2013 年 6 月 7 日，被公司安排到南京一家企业工作的 22 岁法国小伙若伊尔，当晚 10 时许从外面购物回自己租住的小区，因记不清楼房号，且 91 栋楼房外观基本一样，若伊尔在小区里转了半天也没找到家。不会汉语的他坐在小区大门口，像个孩子一样哇哇哭起来，最终在警察帮助下才返回自己住所①。织田正昭研究发现，集合住宅形式雷同，住房结构都一样，儿童失去到朋友家玩乐的兴趣。他让高层小区保育园的孩子们自由地画出自己的朋友，借此观察儿童的活动程度。结果发现，独立住宅、低层住宅居住儿童一画就是 5 人或 10 人，占满了画纸；而高层居住儿童画出的朋友只有 1 人至多 2 人②。

住宅类型的单调，还表现在与社会形态的多样性发展不合。传统家庭形态随着产业结构变迁、城市化发展，发生了很大变化。几代同堂聚族而居的大家庭已经瓦解，现在三代四代同居的大家庭已经罕见，核心家庭成为主流，此外还有丁克家庭、独身家庭、空巢家庭等多种类型家庭形态。职业形态也多样化，新业态不断产生。例如一人公司、在家办公等，随着产业结构从制造业向服务业转型，知识经济发展，除了产业工人外，教育、医疗、科研、法律、会计等服务行业队伍壮大。义务教育普及，接受中等教育、高等教育者越来越多。传统的住宅中，家具主要是餐桌椅、沙发、床等吃饭睡觉用具，而今书橱、写字台都成为基本需求，最好有一间独立书房。但是我国城市住宅七成左右是两居室，三口之家用一个卫生间经常出现冲突，多数没有独立书房。国外

① 现代快报.南京：小区 91 栋楼房太像　法国小伙半夜找不到家急哭[EB/OL].(2013-06-09)[2018-12-28]. http://news.ifeng.com/society/2/detail_2013_06/09/26262138_0.shtml.

② 织田正昭.高层マンション子育ての危険[M].株式会社メタモル，2006：154-155.

常常以人均卧室数量作为居住密度的衡量指标，我国住宅都是以三口之家为模型设计的，而且是最低标准的设计。现在随着老龄化的发展，计划生育政策已经改为全面二胎，今后可能还要放宽。但我国的城市住房设计并未考虑二孩、三孩等多子家庭的使用需要。

三、我国城市居住特色形成原因

我国城市居住形态在世界上呈现出比较独特的样式，并因此产生特有的问题。这是与我们社会的观念、制度等多种因素相关的。造成城市居住区和建成区过高密度的因素，思考所及有下列几种。

近代以来建筑技术的发展，使建造高层建筑成为可能。土地经济的思想下，城市政府以土地为资本“经营城市”成为流行理念，节约用地成为我国土地利用规划、城市规划的主要宗旨。政府和开发商追求单位面积产值最大化，尽量提高建筑容积率，甚至为此突破规范标准。在认知上，普遍把高楼林立作为繁荣象征的社会观念，也是推动了住宅楼高层化、密集化的重要因素。对于高密度的负面影响缺乏认识，甚至把人口密度大作为宜居城市指标，例如，2000 年建设部设立的“中国人居环境奖”，把建成区人口密度10 000 人/km^2以上作为必要条件，宗旨是倡导城市建设中节约用地。另外，关于城市建设占用土地与耕地保护、粮食安全的关系没有真正搞清楚，例如，认为我国人均建设用地过多的观点①。

我国城市管理行政体制为高密度的形成提供了条件。如果仅仅限制人均居住用地面积，在居民可以自主择地建房的条件下，聚落会像传统村庄般，未必形成高密度居住区。在土地所有权被垄断的情况下，为便于管理而对居住区集中连片开发、统一规划设计，较小的人均用地被集中一处，于是造成住宅的高度密集，形成了居住的高密度②。影响城市空间形态的决策中缺少相关不同专业、社会群体的协商机制。土地规划、城市规划、交通规划、产业规划等不同规划部门存在标准不统一、概念不衔接、规划不配套等问题。在塑造城市空间的力量中，房地产开发商为代表的资本力量、以行政领导为代表的权力影响力较大，甚至是决定性的，而其他行业、团体，市民的影响力量很

---

① 周建高，刘娜.论我国人均建设用地标准过低和成因与对策[J].中国名城，2019(9)：4-12.

② 周建高，王凌宇.我国大城市居住区规划标准与交通拥堵关系初探[J].中国名城，2018(12)：14.

小。城市规划建设理念上，重物轻人。迄今为止大多数城市问题研究，多是批评土地城市化、资源浪费、无序蔓延，少见对于市民生活质量的关注，没有把居住生活置于城市的核心位置。例如，地球上一切生物都依赖太阳光能量才能维持生命，住宅的采光对于健康生活必不可少，日照（晴天阳光直射）对于住宅十分重要，给屋内带来温暖，冬季节省能源；人晒太阳有利于健康，室内明亮可以节省人工照明。日本以前的建筑基准法规定，除了迫不得已的情况，必须至少保持一个居室的窗户向阳。后来因城市建筑密集高大化，法律删除了这个规定，于是发生了日照权侵害问题。虽然法律没有规定最低日照时间，事实上一般是 4 个小时，即冬至日各住户开口部保持 4 个小时日照，以此标准规划住宅区①。我国关于日照时间的规定是，冬至日低层住户窗台以上日照时间不低于 1 小时，而且不是强制规定，只是建议“不宜(应)低于”。

四、今后的方向：从住有所居到优质居住

人类从原始社会的穴居野处，构木为巢，发展到以自然和人工材料建造住宅，住宅形态和关于居住生活的观念共同构成了人类文明的一部分。

学术界关注生活质量，最初包含在经济学的福利概念中。最早正式提出生活质量概念的，据说是 1958 年美国经济学家加尔布雷斯的《丰裕社会》一书。他把生活质量定义为人们在生活舒适、便利程度以及精神上所得到的享受或乐趣。在对经济社会问题的关注中，从 20 世纪 50 年代开始生活质量问题进入更多学者视野，20 世纪末一批学者提出“以人为中心”的发展观，1995 年哥本哈根社会发展世界峰会提出“人民生活质量的高低是衡量社会进步的价值尺度，改善和提高全体人民的生活质量是社会进步的标志。”关于生活质量的研究众多，观点纷纭，20 世纪 60 年代开始出现不少关于生活质量衡量和评价指标的研究，1990 年开始，联合国开发计划署（UNDP）首次采用“人类发展指数”（HDI）测度国民生活质量。HDI 由人的健康状况、人的智力程度、人的福利水平这三大类指标构成。但是关于生活质量的概念没有统一。我国改革开放之初就有学者开始生活质量研究，1985 年天津社会科学院与美国社会学家林南合作进行的天津市千户问卷调查，主要内容就是居民

① 藤井正一.住居環境学入門[M].第三版.彰国社，2004：33.

生活质量。20 世纪 80 年代开始了生活质量指标研究，国家统计局 1984 年起陆续公布社会统计系列数据，1991 年 12 月在北京举行了全国生活质量学术研讨会，1992 年国家统计局提出小康生活质量标准。关于社会发展质量、居民生活质量指标的研究，自 20 世纪 80 年代开始有多家机构、多个城市开展了社会调查研究①。这些生活质量指标体系中，关于居住大多数是以居住面积作为正相关的因素，反映了当时社会对于扩大住房面积的普遍愿望，但是现在以居住面积作为衡量居住质量已经远远不够。住宅和居住质量是生活质量的重要内容，可谓解决了温饱的小康社会所关注的重点。

我国很长时期内，由于生产力落后，人民生活极度贫困。因此社会的主要矛盾是人民日益增长的物质文化需要同落后的社会生产之间的矛盾。2017 年党的十九大报告指出，中国特色社会主义进入新时代，我国社会主要矛盾已经转化为人民日益增长的美好生活需要和不平衡不充分的发展之间的矛盾。政府经济工作的重心也由追求发展速度为主转变为更多地关注提高发展质量。对质量问题的关注早就开始了，1979 年中国质量管理协会成立，1980 年国家经济委员会颁发了《工业企业全面质量管理暂行办法》，1982 年设立了国家质量管理奖。从关注产品质量、管理质量到如今关注整个经济社会发展质量，关注质量的群体从部分制造业管理者、研究者扩大到党和政府领导层、大众舆论，表明我国社会质量意识上升到新阶段。学术界关于城市化质量研究、人居环境研究分布在建筑学、城市规划学、地理学、社会学、经济学等众多领域，对城市化问题的关注较多集中于土地经济、环境污染、绿色节能、住房价格、住房保障、交通拥堵治理等方面。当前我国的人均住房面积已接近高收入国家的水平，住宅总数量也已经超过了家庭数量，总体上已解决“住有所居”，今后的主要任务应是提高居住质量。关于住宅建成什么样、怎样建设，需要赋予普通市民更多发言权、选择权，政府需要形成可持续的住宅政策。

① 余宏.上海城市居民生活质量研究[M].北京：中国财政经济出版社，2009：18-28.

城市的独特性及其内在逻辑

——德国达姆施塔特城市学派的探索

张修枫*

摘　要　自 2007 年起，德国达姆施塔特工业大学启动了一项城市研究计划，整合了十多位来自不同学科的教授，共同探索跨学科城市研究的新路径。该项目先后得到了德国和欧盟多个机构的支持，逐渐由一个研究项目演变为了一个常设的城市研究院，并下设国际博士生院，根据其“城市内在逻辑”的核心理念，在德国、欧洲和全世界开展了实证研究。该学派提出的理论主张，以经典社会理论为出发点，认为城市是在空间结构中被持续压缩化的社会结合体，而这个社会结合体会对身处其中的个人、群体和组织等都产生一种整体性的影响，从而形塑了城市空间中的社会行动，并最终导致了城市与城市之间的差异。城市研究应当探究每个城市的独特性，通过分析空间、文化和制度的相互关系及其对日常生活的再生产过程，来发现这个城市的内在逻辑。本文梳理了该学术的理论脉络及研究成果，并初探了该学说在中国城市研究中的学术价值。

关键词　城市的内在逻辑　城市的独特性　城市社会学　跨学科城市研究　德国城市研究

2007 年 6 月，在德国科学基金会(DFG)的资助下，德国达姆施塔特工业大学(Technical University of Darmstadt)启动了一项名为“城市内在事实：城市研究的新探索”(Die eigensinnige Wirklichkeit der Städte: Positionen zur Neuorientierung in der Stadtforsung)的研究计划，由两位社会学教授① 牵

---

*　张修枫，上海大学体育学研究中心客座研究员、博士、德国绿色城市学会理事。

①　该计划的牵头者是 Martina Löw 教授和 Helmuth Berking 教授：前者以空间/城市社会学闻名于德国社会学界，在达姆施塔特工业大学任教期间担任了德国社会学会会长，是首位担任此职的女性教授；后者曾在美国的大学中担任过教职，曾在非洲做过大型的都市人类学的田野调查，回德国任教后，专攻都市人类学、文化全球化和理论社会学领域。

头，整合了十多位来自政治学、地理学、历史学、文化学、哲学、经济学、体育学、建筑学、规划学和土木工程学等不同学科领域的教授，共同探索跨学科的城市研究路径。随后几年，该计划陆续获得了黑森州学术精英计划和欧盟学术委员会的资助，并在原有的研究项目基础上，成立了常设的城市研究院，聘请专职的学术和行政人员，还吸引了法兰克福、汉堡、海德堡和慕尼黑等德国高校以及伦敦政治经济学院和耶鲁大学等海外高校的城市研究学者客座加盟。同时，该研究院下设国际博士生院，以"城市内在逻辑"(Eigenlogik der Städte/intrinsic logic of cities)为主题，招生博士生在跨学科的氛围下在全球各地开展城市研究[①]。数年内，该学院就出了一系列的研究成果，包括关于莱比锡的文化网络与城市空间构成的研究(Steets, 2008)、关于维也纳的饮食文化与城市惯习的研究(Musner, 2009)、关于达姆施塔特的城市认同研究(Löw, et al., 2010)、关于欧洲城市中犯罪行为的研究(Griem and Scholz, 2010)、关于德国与以色列的城市治理模式的比较研究(Heinelt, et al., 2011)，以及关于德国港口型城市的比较研究(Berking and Schwenk, 2011)等，在德国和欧洲学术界引起了广泛关注。2010 年，欧洲城市研究协会(European Urban Research Association)也以"城市的内在逻辑"为主题召开了一次专题研讨会，且于 2012 年又在其主办的《城市研究与实践》(*Urban Research & Practice*)期刊上刊登了一组专稿，讨论相关理论和研究进展(Zimmermann, 2012)。

也许是因为该学说大部分的成果都是由德语出版的缘故，传播力和影响力有限。在中文的社会学界和城市研究领域，都对该学说知之甚少[②]。借助本文，笔者不仅仅希望向中文读者介绍该学派的学术成果，还将采用理论评

① 笔者 2010 年进入该研究院攻读博士课程，前期参与过一个关于非洲城市的比较研究项目，后期以"上海的都市性及其内在逻辑"为主题做博士论文研究。笔者的博士论文第一导师是社会学教授，但指导委员会的成员还有体育学、历史学和城市规划学的教授，探讨的学术话题充满了跨学科的语境。同时，跟笔者同时期在研究院的博士生也来自不同的学科背景，一般都在同样的学术主题关怀下，围绕一到两个城市的某个领域(如空间规划、轨道交通、青少年亚文化、体育运动、绿色生态和社区治理等)做个案研究，然后在这些个案研究的基础上，研究院组织进行大型的比较研究和学术讨论。笔者所在时期，该研究院的案例涉及达姆施塔特、法兰克福、汉堡、慕尼黑、柏林、莱比锡、维也纳、开普敦、内罗毕、纽约、洛杉矶、鹿特丹、贝尔格莱德、华沙、特拉维夫、德里、雅加达等全球不同地区的城市。

② 限于笔者阅读范围所限，在正式出版的学术刊物上尚未见过关于该学说及相关研究的论述。在一些网络学术论坛中，可以搜索到关于达姆施塔特城市研究院的一些信息介绍，但是没有系统地介绍过相关的理论学说。此外，Martina Löw 教授曾到访过同济大学，提及了她在达姆施塔特的研究工作，但似乎并未作为重点介绍，也没有引起中文听众的重视。

述的方式，重新梳理城市社会学对"城市"的理解，从而展现"城市的内在逻辑"的核心概念、理论框架和研究路径。在此基础上，本文也试图探讨该学说对于中国城市研究的借鉴价值。他山之石，并非一定可以"攻玉"，但可以拓宽学术视野，为中国的城市社会学和城市研究提供一个新的视角。

一、探索新路径的缘起

根据联合国人类住区规划署（UN-HABITAT）的报告，2010 年全世界有 50.6%的人居住在城市地区，而预计到 2050 年，城市中的人口更将占据全球人口的 70%（UN-HABITAT，2008：12）。全球范围的城镇化趋势将改变人类社会的构成结构，对城市社会学提出了更大的挑战：一方面，我们需要对当代城市社会的发展有更深入的理解，通过一系列相应的概念工具、研究方法和经验证据，来完善社会理论的体系；另一方面，必然趋向于跨学科交叉的城市研究和政策研究，也都需要城市社会学提供相应的认知基础和实用性知识。

常见的城市社会学大约有以下四种研究取向①：①自芝加哥学派开创的社区研究是城市社会学中最传统的一个研究视角，也是目前在城市研究中最被广泛应用的研究方法，从社区生态和微观互动的视角来观察城市社会；②以列斐伏尔（Lefebvre）、哈维（Harvey）和索亚（Soja）等人为代表的新马克思主义/新城市社会学及其所倡导的"空间转向"逐渐发展成为另一种主流视角（何雪松，2006），国内外都已经有很多实证研究关注于空间对于城市日常生活的影响；③与"空间转向"紧密相连的是文化研究的视角，尤其是从政治经济学的角度对城市文化、城市消费和城市规划等进行批判，这也与后现代理论产生了很多交集（包亚明，2005；汪民安，2006）；④在全球化的浪潮中，世界城市（world city）和全球城市（global city）成为一系列重要且兼具跨学科意义的视角，将城市社会学的结构变迁与政治经济的发展紧密联系起来。除此以外，还有一些其他的或综合性的研究视角。但是，总体来说，以上这些研究视角都可以被归纳为内部和外部两种路径，而它们都存在着各自的缺陷：要么是局部化和功能化的视角使人们忽视城市的整体性机制，要么则简

---

① 事实上，有很多社会学研究都与城市息息相关，例如市场转型与社会分层、社会网络、族群冲突和社会运动等等，但是它们有各自的研究主题和理论关怀，而城市则只是其研究的背景或主要变量。笔者在此处要讨论的是以城市为主题的社会学研究及其相关理论视角。

化了城市内部行动者互动的相互关系(Smith, 2007)。

按照卡斯特尔的说法,城市的形成是流动性的结果,城市"不是一个地点而是一个过程"(not a place but a process)(Castells, 1996: 386)。因此,为了克服或者超越已有研究范式的缺陷,为了更好地去理解城市成形的这个过程,我们有必要探索一条新的道路去理解"城市的内在逻辑"(Eigenlogik der Städte/intrinsic logic of cities)①(Berking and Löw, 2008)。

二、回到社会学意义上的城市

探索城市研究的新路径,有必要先回到原点,重新去思考社会学对于城市的理解。回到芝加哥学派,帕克(Robert E. Park)在那篇纲领性文章的开篇之处就指明,"(城市)是自然的产物,尤其是人类本性的产物"(Park, et al., [1925] 1967: 1)。芝加哥学派后期的领军人物沃斯(Louis Wirth)更是旗帜鲜明地提出"作为一种生活方式的都市性"(urbanism as a way of life)(Wirth, 1938)。身处于工业文明所带来的首批超级大城市之中,芝加哥学派清晰地看到了,城市是一种不同于乡村社会也不同于传统共同体的现代社会形态(Lindner, 1996: 55)。事实上,沿着芝加哥学派的智识脉络追溯到早期德国社会学家们的思想,无论是韦伯(Weber, [1921] 1958)对于西方城市的类型化提炼,还是齐美尔(Simmel, [1903] 1950)对人类在大都市中的精神生活的描述,都是说明城市不仅仅是一个外在形式,而是现代社会的一个表征(representation of modern society)。因此,从实体论上来讲,城市是一种特有的社会关系的存在,是一个科学知识的客体对象(an object of scientific knowledge),是一种在特定空间范围内出现的社会结合体(Vergesellschaftung/ sociation)②(Berking, 2008、2012)。我们应该也必须

① "Eigenlogik"是一个根植于德语思想传统的词汇,很难被翻译,而"intrinsic logic"也只是一个勉强相对应的英语概念(Berking and Löw, 2008),他们在英语表述的时候主张直接采用德语原词。德语中,"eigen"含有"自身的、内在的、独特的"的意思,而"Logik"即英语的"logic",是"逻辑、规律"的意思。根据笔者的学习和理解,认为这个概念翻译成中文为"城市的内在逻辑"比较合适。

② Vergesellschaftung 是德语中特殊的一个概念,语词上的原意是"社会"(gesellschaft)的使动词变形后的名词形式,目前所常见的英语翻译是 sociation。这是韦伯常使用的一个词(韦伯,2005),早前的中文语境中被翻译成"社会化",但这个词其实与英语的 socialization 还是有较大的区别。根据台湾顾忠华教授的翻译,笔者认为将其翻译成"结合体"或"结合关系体"是较为贴切德语原意的。

把城市本身看作是社会学研究的对象和主题，才能够为相关的社会理论提供适合的经验基础。

在芝加哥学派所提到的城市的“空间性”“多样性”和“密集性”这三大特征中，前两者已经深受后辈学者们的重视，但是后者常常被人们忽略，而其中恰恰也蕴含了非常重要的社会学意义。如果我们把城市理解为一种空间结构中的社会结合体，那么这种所谓的密集性或城市密度（density）不应该仅仅是诸如“人口密度”那样的量化指标，因为在不同的物理空间（physical space）中去比较数字是没有意义的，而应该是一种质性意义（qualitative）上的理解。让我们再回想一下齐美尔所描述的那种大都市中人与人之间疏离而冷漠的精神状态，正是现代人的生活和社会关系被不断压缩后的结果。人是生活在具体的情境（situation）之中的，生活场所、工作场所、教育场所、消费场所和休闲场所在空间上密集地分布，使人们的生活情境和社会关系产生了改变，并最终改变了个体的生活世界（life world）。尤其是随着建筑工程和通信技术的发展，现代性所产生的“时空压缩”（Giddens，1990：20）更是大大加剧了这种压缩的程度。所以，从某种程度上来说，城市化的过程就是由空间形式上的压缩而带来的社会关系和社会制度被不断压缩化的动态过程（densification in movement）（Held，2005：240），而这种大规模的整体性压缩必然导致社会结合体在形式和结构上都发生巨大的变化，并对身处在其中的社会行动者产生影响。因此，不断压缩的社会结合体是现代城市最重要的社会学特征之一，也是城市社会理论必须正视的一个主题。

传统的城市社会学大多关注城市中的差异性或多样性，但是社会科学的研究“应该把重点集中在变异（variation）和共变（covariation）上”（谢宇，2006：14）①，也就是说，我们不仅要研究城市中不同群体之间的差异，还要关注它们之间的共变关系，即城市对于其内部不同的群体或组织的行为模式、价值观、认同感和亚文化等方面所产生的结构性影响。当我们将城市整体视作城市社会学的研究对象，并且将其理解为一个持续压缩的社会结合体的时候，就可以发现，只要行动者们处于同一个社会结合体之中，这个压缩化的过程就是他们的共变关系，它们之间可能存在着某种“内在逻辑”，因此我们也才能更好地整体性地去理解城市社会。

---

① 尽管这是源于统计学上的概念，但是正如谢宇教授在该书和其他多个场合中所表述的那样，关于“变异性”的理解是社会科学在认识论和本体论上的问题。因此，笔者认为无论是采用定性还是定量的研究方法，在研究重点的认识上应该是相通的。

三、“城市的内在逻辑”何以可能

Doxa 是一个源自古希腊的词语，胡塞尔(Edmund Husserl)将它引入现象学中并作为一个重要的理论概念。在胡塞尔的现象学中，生活世界是一切外在知识(objective knowledge)的基础，而在生活世界中，个人主体就是通过doxa来进行判断、评估和行动决策的，所以这个doxa可以理解成一种“自然态度”(natural attitude)或者“世界观”(worldview)(Sokolowski, 2000: 63)。后来，这个概念又被布迪厄(Pierre Bourdieu)引入社会学和人类学之中，它是行动者在常识世界(commonsense world)的认知基础，是一种“界感”(sense of limit)或“现实感”(sense of reality)。这个概念在社会学中被翻译成中文的“信念”(田耕，2005)，与惯习(habitus)和场域(field)一起构成了布迪厄关于行动和实践的理论基础(Bourdieu, 1977: 159)。沿袭着Doxa这个概念，贝克宁(Helmuth Berking)提出，城市也提供了一系列认知、情感、行动和意义的模式，而这种非常具有凝聚性的世界观结构可以被称为“城市信念”(urban doxa)(Berking, 2008、2012)。

“城市信念”的提出，其实是建立在前人理论基础上的，是对空间与行动关系的提炼和概括。正如上文已经指出的，城市在形式上是一个物理空间，是一个由建筑、街道、广场、公园和商场等等具象化的符号构成的场域，对身处其中的行动者自然而然地受到了一系列“惯习化”(habitual)的约束，便产生了一种空间感(sense of space)或者地点感(sense of place)，这是一个嵌入在具体的意义构成(meaning constitution)中的默会过程(tacit process)(Löw, 2012)。这不仅仅是布迪厄“社会空间”(social space)(Bourdieu, 1985)概念的延续，这种对某特定空间或地点的主体性感受，在很多城市研究和人文地理学的理论中也有所提及(Orum and Chen, 2003; Morris, 2004; Massey, 2005)。一个人离开熟悉的城市，来到另一个城市生活，他的地点感就发生了改变，开始的时候一定会发现有许多的不适应或陌生感，这是因为他在原有的城市中已经建立起了一系列“前反思”(pre-reflexive)的经验感受和知识结构，而这种对城市的自然态度就是他的城市信念。不仅仅是个体行动者，群体或者组织的发展也需要与城市中的空间、经济、文化和其他社会制度产生联系，而城市信念就是行动主体对城市习以为常的接纳关系。

同时，这个概念的提出，也为城市社会的发展提供了一个存在论上的解释。城市化的过程不应该被简单视为非农业人口的增长或者城市面积的扩大，而是一种必然不同于“农村社会中的信念”的城市信念被逐步建立起来的过程。这种城市信念体现在人们的生活方式中，人们通过工作职业与工厂、写字楼、银行和金融中心等联系在一起，又通过休闲娱乐与购物中心、酒吧、咖啡馆、电影院和图书馆等联系在一起，这些外在的景观和空间场所都是在农村社会中比较常见的，所以城市人的日常生活有着不一样的“现实感”。当然，由于生活世界的不同，每个个体对城市的“界感”是不同的。但是，城市信念指的是城市对其范围内所有行动者产生影响的实践模式（practical mode），是由城市中的所有符号和关系构成的总体，就好像是回荡在城市上空的背景音乐，是在城市中隐藏着的整体体系（hidden universe）。所以，“每个人心中都有一个巴黎，但是巴黎就是巴黎”（Berking，2012）。

因为有城市信念的存在，我们就可以进一步理解具体的城市与城市之间的差异。承接前文的观点，城市化是社会关系在空间维度上被不断压缩化的过程，也是城市信念被逐步建立起来的过程，因此，空间形式的多样化以及压缩的过程和程度的不同必然导致了城市信念的不同，那么世界上的每一个城市必然都是不一样的。无论它们的人口建筑规模和政治经济地位是否一致，纽约不是伦敦，也不是巴黎；无论它们是否有相类似的历史背景，香港不是新加坡市，也不是开普敦；无论他们是否在同一个民族国家或文化圈范围内，法兰克福不是柏林也不是慕尼黑，北京不是上海也不是广州。每个城市在建筑景观、商业文化、饮食风味和风俗人情等各个方面总是不一样的。欧美有很多关于城市发展的比较研究，经验研究已经发现“每个城市都有自己的文化，并且以其独特的方式来处理外部的世界”（Löw，2012）。通过城市信念这个概念，我们就不难理解，城市与城市之间的差异是因为城市其自身独特的接纳关系而产生的“界感”。所以，由于城市信念的作用，每个城市都是与众不同的，城市是具有独特性（distinctiveness）的。

因此，从现象学意义上的“信念”到“城市信念”的转化，不仅为城市理论提供了新的认知基础，还在实证意义的层面拓展了新的方向。我们把某个城市作为研究对象，就是要发现这个城市的独特性，通过探究这个城市是如何对身处其中的个人、群体和组织产生结构性影响的，揭示出这个城市的城市信念来。在经验事实中，行动者对于城市信念的接纳必然是一种个体化的感受(perception),是一种地方性知识(local knowledge),但是这种地方性知识所反映出来的是形塑行动者的意义体系/网络(Geertz, 1973:10),就是那个"回荡在城市上空的背景音乐",是导致城市差异化的"共变因子",是城市这个社会结合体的"内在逻辑"。

四、发现"城市的内在逻辑"

基于对城市信念和城市独特性的理论认识,自2004年起,由德国达姆施塔特工业大学社会学系教授牵头,组织成立了一个跨学科的城市研究机构,并提出了以探索"城市的内在逻辑"(Eigenlogik der Städte)为目标的研究计划。值得注意的是,这里所说的"逻辑"(logic)指的并不是理性规律(rational law),不对城市的发展做因果或功能分析,而是一个与城市信念相对应的,更接近于布迪厄的"实践逻辑"意义的隐藏机制(Löw, 2012)。这个机制可以被理解成一系列的规则、资源和社会制度,是经过长时间之后能够对行为模式形成"再生产"(reproduction)作用的机制。每个城市都有这样一个独特的隐藏结构或隐形机制,即其内在逻辑,它能够作用于也体现在具体的建筑景观、基础建设、管理制度、历史文化和日常生活之中,所以必须依靠大量的经验研究,包括跨学科的研究视角,才能被发现和被证实。

在此,让我们先来看两个根据该研究计划已经完成的实证案例,再来进一步讨论"城市的内在逻辑"的理论意涵和研究路径。

第一项是勒夫(Martina Löw)所领导的关于达姆施塔特(Darmstadt)城市特征的研究(Löw, et al., 2010)。达姆施塔特是一座位于法兰克福/莱茵—美茵地区都市圈中的中型城市,因其拥有一所德国最好的理工科大学和多家科技企业的研发中心而被黑森州政府授予"科学城"的称号。在2008年至2009年期间,科研人员按照政治、经济、文化和交通等不同的主题在城市的多个公共场所组织了七次座谈会,邀请了与该主题相关的公共人物和感兴趣的普通市民参与,由当地的一名电视台主持人作引导,激发参与者的对话和讨论。根据座谈会的结论,"典型的达姆施塔特"(typical Darmstadt)被视为是一种缓慢的行动方式,例如人们在做决定之前通常要进行长时间的思考,他们常常强调深思熟虑的重要性,有时还会变得犹豫不决,甚至这也影响了城市建设和经济发展。因此,对于外人来说,达姆施塔特显示出来的是一个慢节奏的冷漠的城市形象。然而，通过会话分析（conversation analysis），研究人员认为，在这种慢节奏现象的背后反映出来的是一种情感结构（affective structure）。例如，一名参与者谈到"（减速）是会成为一种妨碍，但也保障了生活的质量"，在这个城市中能够产生一种镇静且自我满足的心理感受，而这种心理感受，或者说情感结构，会产生广泛的影响。审慎仔细的性格在日常生活中能够产生相互的信任感，而这也成为本地区的传统；市民积极参与市政发展的决策，则增加了城市与本地人的关联。同时，这也有助于本地的市民社会（civil society）沉着地应对外来的或内生的社会波动①，使城市的发展保持在一个中间偏保守的进程中。在这样的情景（context）中，本地人并不认为缺乏变化是无趣的烦恼，而是一种对达姆施塔特的认同（Darmstadt identity），表达了一种成功的公共沟通和妥协机制。面对忙乱和拥挤，这个城市已经培养出了足够的定力和决策机制。所以，该研究说明尽管城市的情感结构与个人的精神结构（mental structure）并不一定协调一致，但是每个个体的行动策略会受到城市情感结构的影响。

第二项是关于不来梅港（Bremerhaven）②和罗斯托克（Rostock）这两个城市的比较研究（Berking and Schwenk，2011）。由贝克宁带领的研究团队分别在这两个德国北部的重要港口城市进行了实地调查，对两地的城市景观、城市文化和当地人的日常生活进行了仔细的观察和深度的访谈。该研究发现，即使是在地理位置和自然条件相似的两个城市，城市的景观环境、文化氛围和日常生活的模式依然有着很大差异的，从而验证了"城市的独特性"假设。接着，研究人员进一步考察了本地人和外来人对这两个城市的感受（perception）和意象（image），他们发现，作为一种符号化的文化表征的城市想象是如同"累积性肌理"（cumulative texture）③般地被结构化形塑出来的。例如，早期的不来梅港是为了服务于工业资本主义的发展而形成的，城市的各个部分和机构设置都是为了快速而平稳地运送人和货物，这是一个

① 如本地的美军基地撤离后的重建规划、本地的公共安全和自然灾害处理等。

② 不来梅港（又译"不来梅哈芬"市）与不来梅市（Bremen）共同组成了德国最小的联邦州"不来梅州"，但不来梅港是一个独立的城市，并不是那个更为知名的大型城市不来梅。

③ 地方城市文化的"累积性肌理"（the cumulative texture of local urban culture）是美国社会学家Suttles提出来的（Suttles，1984），大致意思指的是城市对于本地社会的意义是历史性地累积起来的，就像地理生态学中的地质肌理层一般。根据笔者的理解，这个概念近似于福柯意义上的考古学意味。

分配运输中转站，所以这个城市没有给自己留下什么东西，它的居民们也常常随着工作的安排而大范围地迁居，对本地的认同感非常薄弱；相反，罗斯托克建城之后逐渐成为一个贸易中心，它把货物和商品保留了下来，同时也聚集了越来越多的人和文化，并逐渐建立了自己的城市传统。这样一来，罗斯托克在城市一空间上的密集与不来梅港的空洞形成了反差，前者在建筑空间中所展现出来的历史文化（例如画廊、剧院和博物馆等）也与后者相对单纯的经济港口城市的样貌形成了鲜明反差。因此，该研究认为，城市景观（空间）、城市文化（意义）和城市想象（感受）都是相互交织在一起的，并且因为在历史的维度上不断地累积，形成了一种"内在逻辑"。

除了以上两个研究项目，这个研究所还完成了或正在完成多个课题，包括城市治理与城市文化之间的关系、城市中的人的身体和行动节奏、小说中的城市形象、城市形象的营造和推广，以及不同城市的可持续发展道路等等，同时还有位于柏林、法兰克福和汉堡等地的多家德国城市研究机构和一些德国以外的学术机构已经参与"城市的内在逻辑"的研究，其中就包括了一个跨国的关于多特蒙德、法兰克福、伯明翰和格拉斯哥四大城市的比较研究项目。但是，客观地讲，包括该研究计划创建人之一的贝克宁本人也强调，"城市的内在逻辑"还没有形成一个完整的理论体系，目前还只是一个有待持续完善的研究假设或研究框架。不过，根据已经完成的这些研究案例，已经可以获得一些初步的结论。

"内在逻辑"是对于每一个具体城市而言的。因为城市信念的作用，这个城市会形成自己的典型风格（typical mode），而这种风格是由城市的建筑空间、社会制度和文化倾向所交织起来的，并且对日常生活和社会实践产生意义。所有这些相互作用的象征秩序（symbolic order）就会在这个城市内形成一种可以被发现的同源关系（homology），就是城市的内在逻辑（Berking，2012）。那么，城市的内在逻辑在每一个具体的城市中一定会呈现出不同的地方化表达方式（local expression）。根据已有的研究经验，勒夫认为这种地方化表述一般可以体现在以下五个方面（Löw，2012）：空间结构（包括建筑、道路、基础设施和城市规划等）、时间结构（包括城市历史和生活节奏）、社会结构（包括贫富、男女、老少、宗教和少数民族的比例等）、政治结构（包括城市管理、政府组织和市民参与等）及情感结构（包括文化感、认同感和情绪等）。所以，我们可以通过对城市中这五个结构的研究，来发现城市的内在逻辑。

不过,城市的内在逻辑并不是固定不变的,而是动态的,是以一种结构和行动者相互影响再造的方式累积起来的。

从方法论上来讲,“城市的内在逻辑”遵循的还是知识社会学建构主义的方式,通过对行动者进行主体性的诠释(interpret),才能理解真实世界中的符号系统和社会建构(social construction)(Berger and Luckmann, 1967: 207)。笔者认为,“城市的内在逻辑”的研究路径大致可以归纳如下:①基于城市独特性的假设,实证研究的第一步就是发现所研究的这个城市在具体的日常生活中所表现出来的特殊现象;②通过诠释的方法去理解城市内的行动者(包括个人、群体和组织)对于这些特殊现象的地方化表达方式;③解读地方化表达方式与城市的空间、制度和文化等方面的相互关系;④将这种相互关系放置到城市的其他方面,尤其是诸如城市文化或者城市想象这样的集体性意识中去检验,才能确定这个城市的内在逻辑。当然,作为一个以完善理论体系为目标的研究计划,研究者不仅仅是要在不同的城市中寻找和验证这些城市的内在逻辑,等积累了数量足够多的研究案例之后,还要通过比较分析,将所有的城市内在逻辑进行整理表述(formulate),并最终完成类型化(typological)的归类,方可建立起一个完整的城市理论,这也是该研究路径的终极方向。

五、“城市的内在逻辑”的中国意义

中国本土的城市社会学研究已经有了自己的研究积累和学术沉淀(如:夏建中,2010;李志刚、顾朝林,2011;张鸿雁,2012;朱伟珏,2017;等等),国外的诸多学者也将中国城市放置在市场转型与社会变迁背景下做了大量的实证研究(如:Davis, 2000;Friedmann, 2005; Logan, 2008;等等)。但是,正如陈映芳所指出的,中国城市社会学的研究对象与其说是“作为社会的城市”,不如说是“城市中的社会”。“城市”在这些研究中只是作为一个“背景”或者“变量”,而缺乏对于城市社会本质的整体性反思①(陈映芳,2012a)。然而,“城市化”或“城镇化”在时下的中国经济社会发展过程中如此之重要,若不建

① 陈映芳富有洞见性地指出,可能是意识形态化的现实取向的外部环境和社会学者自身的种种局限导致了中国城市社会学的这种缺失。因此,本领域的学者特别需要的是“对学者立场的自觉,以及实践的勇气”。

立起一套合理地理解中国城市社会的知识体系，那将会阻碍我们对于社会转型的正确认识。

研究对象的偏失在西方的城市社会学领域中也同样存在，这或许是源于社会学家们早期把城市看作是“社会关系的容器”或“社会问题的实验室”的传统，而这也是“城市的内在逻辑”学说所努力超越的，他们试图明确城市社会学是以城市为研究对象的社会学（sociology of cities），而非在城市中进行的社会学研究（sociology in cities）[①]。上文的梳理已经阐明，我们应当把城市视为一种在空间结构中展示出来的现代社会结合体，身处其中的个人、群体和组织等所有行动者都会对其产生一种惯习化的自然的接纳关系，即城市信念，而城市信念就影响了人们对城市的感受、认同和行动；同时，行动者们的社会关系在城市发展的过程中又会被不断地压缩和改变，最终又导致了新的城市信念。于是，就在这种空间结构、城市文化和城市信念相互再造的过程中，每个城市都会形成自己的内在逻辑，也就是使这个社会结合运行起来的结构性机制。这种整体主义（holism）的思维方式，避免了将城市局部化和碎片化分析的弊端，凸显了城市的社会学属性，又恰恰与陈映芳（2012a、b）所强调的“结构性力量”和“城市的逻辑”不谋而合，是一种有助于探索中国城市社会的研究方向。

更为重要的是，中国的城市化/城镇化发展的道路十分曲折，不仅经历了早期现代化和（半）殖民化的阶段，还经历了计划经济和市场经济等各种不同的政治经济机制，使得多重的社会发展浪潮同时发生，而且幅员辽阔的国家内各个城市的发展条件迥异。因此，尽管以建立理论体系为其目标的研究计划还远未完成，但是在经验研究的层面，“城市的内在逻辑” 已经提供了一个可操作的研究方向：以“城市的独特性”为切入口，在具体的行为模式中去探究城市社会的整体性结构。这种强调城市空间与日常生活相结合的视角，也是一种开放性的视角，同样的研究概念和方法还可以应用在城市中的阶层分化、族群冲突、休闲文化和社区发展等不同的社会学话题中。而且，从知识社会学的视角来理解城市对于行动者的意义和影响，其研究成果对于城市地理学、城市文学、城市管理学、城市建筑学、城市规划学等跨学科或应用性的研

---

① 这样的表述方式来自 Ulf Hannerz 的启发，他主张都市人类学（urban anthropology）是“关于城市整体进行的人类学探索”（anthropology of the city），而非“城市中的人类学”（anthropology in the city），这二者在研究对象上是有着巨大差异的（Hannerz，1980）。

究也可以提供非常重要的基础性知识，这对于偏向于现实实践或政策研究导向的中国社会科学来说，也非常具有实用性价值。因此，作为一个既可以与宏观社会理论对话又可以关照微观经验事实的中层理论，"城市的内在逻辑"可以为中国研究提供一些新的概念和理论，也可以提供一系列实用的研究工具。

当然，如果要把一套德国或西方的理论学说引入关于中国社会的研究中来，其话语体系和理论概括的适用性是最需要仔细审慎的问题。在历史研究中提供了一个有趣的例证：在民国时期，具有相同时代和知识背景的读书人会在北京和上海这两个城市中形成相差甚大的文化圈子和公共空间，而两地的知识分子相互之间时常是有些来往的，但有不少人常常会因为无法适应对方的那个"圈子"而离开，并最终回到原来的城市去（许纪霖，2005）。这种文化圈子的出现，以及外来者对于城市的不适应性，也许就是因为"城市信念"和"城市的内在逻辑"的缘故。笔者通过都市人类学的方法，也试图将上海多元化的城市空间与"金融中心""海派文化""社区治理""新上海人"（文化认同）等不同层面的社会事实整合起来理解，在市民的日常生活中去发现这座城市对本地社会的影响，从而揭示出上海这座城市的"内在逻辑"（Zhang，2016）。因此，笔者相信，该学说的视角、工具和路径，同样适用于中国城市的研究。

六、结语

21 世纪的地球是城市的世界，不仅仅是因为联合国人居署所提到的大规模人口向城市的迁移，而是以经济市场为基础的全球化发展已经改变了世界运行的格局。无论生活在哪里，现代人的生活无不被发生在纽约、东京、上海、香港、新加坡市、迪拜、开普敦、莫斯科、法兰克福和伦敦等城市的金融行情所牵制，这个世界越来越受到集中在城市中的市场权力的影响。更进一步，民族国家（nation-state）的界限也可能随之消失，而与城市相关联的地方认同感在加强，并最终形成一个由城市组成的世界系统（cities-world-system）（Taylor，2007）。因此，城市社会学对社会学的发展就显得尤为重要，尤其是如何来理解空间、地点和城市，都将有助于我们更好地理解未来的社会秩序（May，et al.，2005）。在此，"城市的内在逻辑"并不是要否定或者取代现有的城市社会学理论，而是要提醒人们，面对城市的时候，我们必须注意到城市与城市之间的内在差异。帕克说“城市有它自己的生命”(city has a life of its own)(Park, et al.,[1925] 1967:1)，因为在工业文明大发展的时候，他要强调城市是有别于传统社会的社会形态。但是，在后工业的信息时代，城市变得越来越多样化，今天“每一个城市都有它们自己的生命”(every city has a life of its own)(Berking, 2012)了，所以城市社会学应该要去研究每个城市的独特性和结构性机制。这种新的研究路径可能会为我们展现出一种在全球化时代的城市社会学的新范式。可能也就是因为这个原因，它才能在德国和欧洲社会学界引起重视。而在中国，我们也有必要整体性地去研究每一个城市，才能更好地认识中国城市社会，从而理解正在发生的社会转型。

遗憾的是，随着两位核心学者的离开①，达姆施塔特工业大学的城市研究院逐步放弃了社会学的传统，转而更偏向于建筑学和规划学的应用型研究院。在德国大学与科研体制改革的大背景下，这可以理解为德国人文主义大学传统与实用主义新势力的接轨，但也体现出了“城市的内在逻辑”学说的缺陷：它的理论基础——外在的世界(城市)是被整合在个体行动者的生活世界中的，只有通过诠释的方法才能理解行动者的社会行动的意义，才能揭示行动者所处的社会结构——仍然没有超越从狄尔泰到韦伯所建立起来的理解/诠释社会学的局限。这种反思性的研究方法可以避免结构化的定量研究中所出现的“情景效应”的限制，更适用于对日常社会互动进行研究，但其自身也存在着潜在的权力效应的制约，不适合系统性特征的研究(布洛维，2007:127)。因此，在各类评估体系和资源竞争的压力下，“城市的内在逻辑”学说及其所做的研究没有得到延续。然而，对于具体的研究者来说，研究工具和研究路径的选择，还是取决于我们自己的问题意识和研究姿态。

参考文献

[1] 包亚明.后大都市与文化研究[M].上海：上海教育出版社，2005.
[2] 麦克·布洛维.公共社会学[M].沈原，等译.北京：社会科学文献出版社，2007.
[3] 陈映芳.城市与中国社会研究[J].社会科学，2012(10):70-76.
[4] 陈映芳.城市中国的逻辑[M].北京：生活·读书·新知三联书店，2012.

① 2013年，Martina Löw转任柏林工业大学的教授；2016年，Helmuth Berking教授退休。

[5] 何雪松.社会理论的空间转向[J].社会,2006,26(2):34-48.

[6] 李志刚,顾朝林.中国社会空间结构转型[M].南京:东南大学出版社,2011.

[7] 马克斯·韦伯.社会学的基本概念[M].顾忠华,译.桂林:广西师范大学出版社,2005.

[8] 田耕.社会学知识中的社会意象——Doxa概念与布迪厄的社会学知识论[J].社会学研究,2005,119(5):60-83.

[9] 汪民安.身体、空间与后现代性[M].南京:江苏人民出版社,2006.

[10] 夏建中.城市社会学[M].北京:中国人民大学出版社,2010.

[11] 谢宇.社会学方法与定量研究[M].北京:社会科学文献出版社,2006.

[12] 许纪霖.都市空间视野中的知识分子研究[C]//许纪霖.20世纪中国知识分子史论.北京:新星出版社,2005.

[13] 张鸿雁.城市社会学理论与方法:历史与逻辑的本土化视角[M].北京:中国社会科学出版社,2012.

[14] 朱伟珏.城市社会学评论(第一辑)[M].北京:社会科学文献出版社,2017.

[15] BERGER P, LUCKMANN T. The social construction of reality[M]. London: Penguin Press, 1967.

[16] BERKING H. Städte lassen sich an ihrem Gang erkennen wie Menschen—Skizzen zur Erforschung der Stadt und der Städte[C]//BERKING H, LÖW M. Die Eigenlogik der Städte. Frankfurt/New York: Campus Verlag, 2008.

[17] BERKING H. The distinctiveness of cities: outline of a research programme[J]. Urban research & practice, 2012, 5(3): 316-324.

[18] BERKING H, LÖW M. Die Eigenlogik der Städte: Neue Wege für die Stadtforschung[M]. Frankfurt am Main: Campus, 2008.

[19] BERKING H, SCHWENK J. Hafenstädte: Bremerhaven und Rostock im Wandel[M]. Frankfurt am Main: Campus, 2011.

[20] BOURDIEU P. Outline of a theory of practice[M]. Cambridge: Cambridge University Press, 1977.

[21] BOURDIEU P. The social space and the genesis of groups[J]. Theory and society, 1985, 14(6): 723-744.

[22] DEBORAH D. The consumer revolution in urban China[M]. L. A.: University of California Press, 2000.

[23] FRIEDMANN J. China's urban transition[M]. Minneapolis: University of Minnesota Press, 2005.

[24] GEERTZ C. The interpretation of cultures[M]. New York: Basic Books, 1973.

[25] GIDDENS A. The consequences of modernity[M]. Stanford, Calif.: Stanford

University Press，1990.

[26] GRIEM J，SCHOLZ S. Tatort Stadt：mediale Topographien eines Fernsehklassikers [M]. Frankfurt am Main：Campus，2010.

[27] HANNERZ U. Exploring the city：inquiries toward an urban anthropology[M].New York：Columbia University Press，1980.

[28] HEINELT H，RAZIN E，ZIMMERMANN K. Metropolitan governance：different paths in contrasting contexts—Germany and Israel [M]. Frankfurt am Main：Campus，2011.

[29] HELD G. Territorium und Großstadt：die räumliche Differenzierung der Moderne [M]. Wiesbaden：VS Verlag für Sozialwissenschaften，2005.

[30] LÖW M. Raumsoziologie[M]. Frankfurt am Main：Suhrkamp，2007.

[31] LÖW M. The intrinsic logic of cities：towards a new theory on urbanism[J]. Urban research & practice，2012，5(3)：303-315.

[32] LÖW M，NOLLER P，SÜSS S. Typisch Darmstadt：eine Stadt beschreibt sich selbst[M]. Frankfurt：Campus，2010.

[33] LINDNER R. The reportage of urban culture：Robert Park and the Chicago School [M]. Cambridge：Cambridge University Press，1996.

[34] LOGAN J R. Urban China in transition[M]. Oxford：Blackwell，2008.

[35] MASSEY D B. For space[M]. London：SAGE，2005.

[36] MAY T，PERRY B，GALES P L，et al. The future of urban sociology [J]. Sociology，2005，39(2)：343-370.

[37] MORRIS D. The sense of space [M]. Albany：State University of New York Press，2004.

[38] MUSNER L. Der Geschmack von Wien：Kultur und Habitus einer Stadt [M]. Frankfurt am Main：Campus，2009.

[39] ORUM A M，CHEN X M. The world of cities：places in comparative and historical perspective[M]. Malden，MA：Blackwell Publishers，2003.

[40] PARK R E，BURGESS E W，MCKENZIE R D. The city[M]. Chicago：University of Chicago Press，1967.

[41] SIMMEL G. The metropolis and mental life[C]//WOLFF K. The sociology of Georg Simmel. New York：Free Press，1950.

[42] SOKOLOWSKI R. Introduction to phenomenology [M]. New York：Cambridge University Press，2000.

[43] STEETS S. “Wir sind die Stadt!” Kulturelle Netzwerke und die Konstitution

städtischer Räume in Leipzip[M]. Frankfurt am Main：Campus，2008.

[44] SUTTLES G D. The cumulative texture of local urban culture[J]. American journal of sociology，1984，90(2)：283-304.

[45] TAYLOR P J. Prologue：a lineage for contemporary inter-city studies [C]// TAYLOR P J，DERUDDER B，SAEY P，et al. Cities in globalization：practices，policies and theories. New York：Routledge，2007.

[46] UN-HABITAT . State of the world's cities 2010/2011[M]. London：Earthscan，2008.

[47] WEBER M. The city[M]. New York：Free Press，1958.

[48] WIRTH L. Urbanism as a way of life[J]. The American journal of sociology，1938，44(1)：1-24.

[49] ZHANG X F. Shanghai：a city in tides：an ethnographic study on Shanghai's urbanism and its eigenlogik[M]. Saarbruecken：Akademicker Verlag，2016.

[50] ZIMMERMANN K. Eigenlogik of cities-introduction to the themed section [J]. Urban research & practice，2012，5(3)：299-302.

从空间到社会:作为日常生活场所的现代城市公共空间

——以上海市复兴公园为例

朱伟珏*　郝孟琪**

摘　要　复兴公园作为上海市最早开放的公园之一,是一个历史悠久的城市公共空间。在时间形态上,这里保留了周围市民的集体记忆;在空间形态上,它是一个开放的城市空间,同时利用物理区隔形成了多个小尺度空间。时空的交织使得这里成为最受上海市民欢迎的公共空间之一。亲友空间、男性空间、音乐空间等不同形态的公共活动的出现,不仅丰富了市民生活,同时也影响了城市公共空间对于个体的意义,情感满足的价值逐渐增强,使得个体可以通过公共交往在一定程度上缓解现代化进程带来的孤独感和丧失感。

关键词　复兴公园　城市公共空间　日常公共生活　现代化

"公共空间"(public space)作为一个特定名词最早出现在20世纪50年代,在英国社会学家查尔斯·马奇(Charles Madge)于1950年发表的文章《私人和公共空间》以及政治哲学家汉娜·阿伦特(Hannah Arendt)的著作《人的条件》中被提到①。在理论随实践演化的过程中,不同的理论家对这一概念进行了不同的解读,香港大学的陈竹和叶珉对西方城市公共空间理论进行了梳理,他们认为"可达性"(accessibility)是其基本属性,这一概念既包含了物质空间上的"可达",即"进入和使用的权力",也包括了社会意义上的"可达",即"接受不同社会阶层、种族和团体的人,同时允许各种社会活动的发生"。基于以上文献研究,笔者认为"城市公共空间"可以定义为:供居民社会生活和公共

---

*　朱伟珏,同济大学社会学系教授。

**　郝孟琪,同济大学社会学系硕士研究生。

①　陈竹,叶珉.什么是真正的公共空间——西方城市公共空间理论与空间公共性的判定[J].国际城市规划,2009,24(3):44-49+53.

使用的、具有无差别可达性的城市室外开放空间,包括街道、广场、公园等。

"城市公共空间"是一个经典研究主题,一直以来受到社会学家、城市规划学家、地理学家的关注。城市规划学、地理学主要侧重于对空间性进行分析:简·雅各布斯(Jane Jacobs)在《美国大城市的死与生》一书中通过对城市中街道、公园、老建筑的细致观察,深入考察了都市结构中存在的基本元素以及它们在城市生活中所发挥的作用;扬·盖尔(Jan Gehl)研究了空间与心理需求的关系,他认为空间的规划应该服务于人的活动,并提出了"人性尺度"的概念。而社会学则更关注物理空间背后的社会性,尤其是对公共领域的研究,研究该议题的重要社会学家主要有:汉娜·阿伦特、尤尔根·哈贝马斯(Jürgen Habermas)和理查德·桑内特(Richard Sennelt)。"公共领域"这一概念的意涵也随时代发生了演变,从最初的"介于市民社会中日常生活的私人利益与国家权力领域之间,可以形成某种接近于公众舆论的一致意见"①到"由熟人和陌生人构成的,包括了一群相互之间差异较大的人"②,公共领域的研究重点逐渐走向日常公共生活。从公共空间到公共活动,再到公共交往和公共领域,是一个由具体到抽象的过程。本文从物理空间和社会空间两个角度展开,对现代城市公共空间进行探究。

选取复兴公园作为"城市公共空间"进行研究,主要在于它具有较高的利用率和典型性。2014 年,复兴公园被全球最大的旅游网站 Trip Advisor 评为"中国十大最受欢迎的公园"之一。作为上海这座大都市中的一个公共空间,它也是一个由物质环境与人文环境相结合形成的具有特殊意义的场所。一方面,复兴公园具有自己的独特性,主要体现在它的历史底蕴和空间布局上,时空的交织影响着这里的使用者和公共活动,使其成为最受市民欢迎的场所之一;另一方面,复兴公园的使用者是社会中最普通的群体,对它的研究又具有普遍性。在当代社会生活的背景下,其具体形态和对于个体的意义值得探究。

一、复兴公园发展概况

复兴公园位于上海市中心黄浦区,是上海唯一一座保留法国古典式风格的园林,也是上海较早的近代公园之一。该园距今已有 110 年历史,最初是

① 汪民安.文化研究关键词[M].南京:江苏人民出版社,2007:91.
② 理查德·桑内特.公共人的衰落[M].李继宏,译.上海:上海译文出版社,2014:21.

由法租界公董局出钱买下顾家宅花园，并聘请法籍园艺师柏勃（Papot）设计改造而成。1909 年 6 月公园建成，同年 7 月 14 日（法国国庆日）对外开放，当时俗称“法国公园”。早期的法国公园只占有现在复兴公园中部的位置，1918—1926 年，公园进行了大面积的扩建和改建，由法籍工程师约少默（Jousseaume）负责。其间，中国园艺设计师郁锡麒参加了部分设计规划工作，在他的说服下，公园西南部加入了中国园林风格的设计。因此，复兴公园在初期是一座以法式风格为主、辅以中国设计元素的公共活动场所。公园的最近一次改造是在 2007 年，聘请了加拿大 WAA 设计事务所设计师，本着“修旧如旧”同时满足市民需求的原则，对园区的设施进行了更新。

复兴公园见证了上海近现代史的百年兴衰，在这个过程中，园内使用者和景观设施随社会变迁而变化，逐渐呈现出开放性、公共性和弱政治力的趋势。1928 年后，这里才允许华人进入，但需购票入园，年券从最初的 1 美元涨至 1941 年的 12 美元，在 1949 年前是上海门票最贵的公园。抗战胜利后，公园开始面向广大市民免费开放。因此，复兴公园的使用情况大致经历了三个阶段：外籍人士独享、身份和财产形成的特权阶层享用、无差别的全民共享。与此同时，园内的大型群体活动也发生了较大变化。法租界时期，这里是法国侨民文化、社交、节庆活动的中心，大型群体活动主要包括霞飞（Joffe）将军来沪庆典和每年 7 月 14 日的法国国庆庆祝活动；1949 年后，这里举办过劳军救灾游园会、全市劳军大会、抗美援朝文艺晚会等活动，20 世纪 60 年代起，复兴公园被定为区级国庆节、国际劳动节庆祝活动场所；而 20 世纪 80 年代之后，园内的群体活动体现出明显的弱政治力趋势，更关注普通市民的日常生活，主要活动包括“玫瑰婚典”、国际茶文化节、爵士音乐节、科技民俗灯展等。而在景观设施方面，复兴公园在观赏性的基础上增添了休闲娱乐性，同时拓宽了使用者的年龄段，后设的动物园（1963 年迁离）和儿童游乐场，为许多市民留下了珍贵的童年记忆。

复兴公园的使用者比较固定，无论年龄、国籍大都以周边居民为主。它在见证上海近现代历史的同时，也见证了每一个生活于此的人的生命历程。不同于一些新建的现代化公园，复兴公园是一个饱含记忆之地。阿莱达·阿斯曼（Aleida Assmann）在《回忆空间：文化记忆的形式和变迁》一书中认为，地点之中虽不拥有内在的记忆，但它们对于回忆空间的建构却具有重要的意义。它们能够把回忆固定在某一地点的土地上，使其得到固定和证实，还体现了一种持久的延续，这种持久性比起个人的记忆，甚至比起某些承载着一个时代文化短暂回忆的人造物品来说都更加持久。[①] 因此，复兴公园的悠久历史通过记忆的方式投射在地点这个物理空间中。这个具有象征意义的现实载体，通过其自身的空间特征以及背后的意义体系，成为一个使用率较高的场所。

二、作为场所的物理属性

记忆的保存除了和时间的延续有关，还与空间的变动有关。对比1926年改建后的法国公园，复兴公园基本保留了原初的样式。具体物理空间形态请见图1。对于长期来这里活动的市民来说，复兴公园是一个比较稳定的公共场所。在空间形态上，复兴公园是一个开放的城市空间，同时利用物理区隔形成了多个小尺度空间，这为公共活动提供了便利。

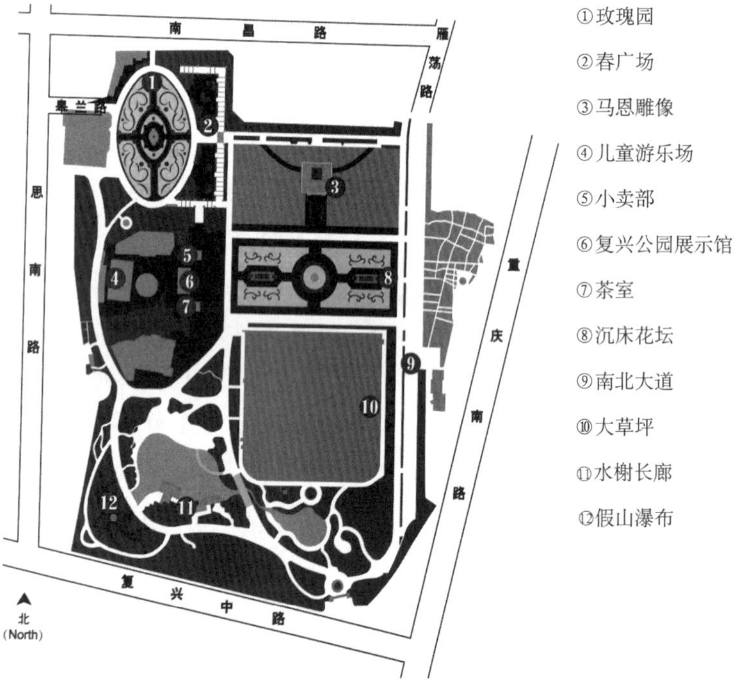

图1　今日的复兴公园平面图

(图片来源：复兴公园官方)

---

① 阿莱达·阿斯曼.回忆空间：文化记忆的形式和变迁[M].潘璐，译.北京：北京大学出版社，2016：344.

(一) 开放空间与物理区隔

复兴公园内的景观依纵贯中轴线分置两侧,边界清晰,如今主要由六大部分组成,西侧从北到南依次为①玫瑰园、春广场,②儿童游乐场、茶室和展示馆,③中国园的水榭长廊和假山瀑布;而东侧则依次为④马恩雕像广场,⑤沉床花坛,⑥大草坪。复兴公园的造园风格,是以规则式与自然式相结合的布局。[①] 若以公园西北角的皋兰路与思南路交叉口为起点,以公园的东南门为终点,画一条线段,会发现线段的东北方由规则的几何图案(主要为椭圆形和长方形)组成,而西南方则自然无矩,更符合中式造园风格。这些场所通过物理屏障区分开来,形成六个风格各异的半敞开空间。

在一个开放空间内,物理屏障往往会形成一定的区隔,起着形塑空间形态的作用。可以起到这种作用的环境要素包括灌木丛、道路、栅栏、围墙、高树等,而不同的物理屏障的形塑作用又是不同的。复兴公园中最常见的物理屏障是灌木丛和道路。灌木丛因其"半人高"的特点,可以形成较好的半敞开空间,当使用者坐下时只可看到自己场所的场景,但站立时却可以目及大半个园区。如大草坪东侧的半圆形灌木丛开口向东,吸引了许多的乐器练习者和亲密交谈者,他们总是背对人群,形成一个小型的半私密空间,同时又不完全脱离公共空间。而道路一方面可以形成空间的区隔,另一方面也可以成为进入的通道。复兴公园西侧是围墙,东侧则是一条开放式的道路,连通北门和东南门。这使得整个空间区别于周边的环境,具有一定的独立性,同时不至于太过闭塞。敞开的一条通道既方便不愿意进入的行人通行,也为行至此处的人提供了进入的机会。

物理屏障的连续性是影响区分效果的一个重要因素。复兴公园的两个盈利场所——儿童游乐场和茶室,外围围着一圈铁栅栏,是公园中的两个付费封闭性空间。这两片区域总是较少被市民光顾,平日里坐在旋转木马上的儿童往往一场不超过五人,阳光明媚的春日午后,茶室的顾客也不会过半,反而在栅栏外会形成五六个自带桌椅茶具的喝茶小团体[②]。一般情况下,这种设有连续性屏障的场所背后隐含着一定的经济屏障,即需要付费才可享用,即使在空间上具有可视性,却不具备无差别可达性,因为它们会把不符合条件的人排斥在外。如咖啡馆、学校本身也具有公共性,却存在一定的准入门

① 程绪珂,王焘.上海园林志[M].上海:上海社会科学院出版社,2000:100.

② 观察时间为2019年1—3月。

槛，与公园、广场这样的城市公共空间存在区别，而后者是一个真正的开放空间，更利于不同身份、阶层的人交往。在复兴公园中，大部分空间都是开放的、非营利的，因此整个园区具有较高的开放性。

屏障的高度是另一个影响区分效果的重要因素。上文对于复兴公园道路和灌木丛的考察便可以说明这一点，这二者的结合容易形成不同的半敞开空间，使得不同场所之间既相对独立又相互联系。但当高度超过人眼可视范围后，这种区隔会变成封闭，使得可达性降低，不利于公共交往。笔者以位于上海市中心静安区的Z公园为例，那是一个拥有73年历史、风格布局以中式为主的城市空间。Z公园中面积较大的供市民活动的区域是一个封闭性的场所，周围仿照苏州园林式样建起黑瓦白墙，墙面的圆形通道可供进出。在笔者进行调研的一个天气晴朗的春日里①，在这个面积有半个足球场大小的空间中，只有不到40人，其中活动着的不到20人。通常情况下，封闭性高的场所更适合小团体活动，或进行较为私密的交往；但在一个公共空间中，如果环境要素的区隔程度太高，则会降低它的可达性。复兴公园的布局特点在于以道路和灌木丛为主要边界，形成了多个半敞开的小尺度空间，因为设计风格不尽相同，不同场所呈现出不同的特征，因此吸引着不同需求的群体。

（二）小尺度空间

从规划学角度来看，复兴公园（8.89万平方米）并不算一个小尺度空间，但是它具有小尺度空间的亲近性、舒适性。作为社会活动的场所，公共空间应该不仅仅关心设计美感、建造成本等因素，更要把人的需求纳入考量，人不仅仅是空间的观察者，也是外部空间的一部分。相比于大尺度空间的敞开与疏远，小尺度空间使得人与人的距离并不遥远，更适合群体交往。在土地面积不改变的情况下，小尺度意味着丰富性的增加，多样化的小尺度公共空间尊重了多元利益群体的价值观和空间需求，同时增加了社会生活的丰富性。

1. 规划设计与历史发展的共同作用

最初设计时，复兴公园通过景观规划把园区分成了六个小尺度空间，然而在实际发展过程中，复兴公园以群体活动为单位，借助物理屏障发展出多个小尺度空间。从规划的角度来说，公园的布局与设计为不同场所的形成提供了条件；而从历史的角度来说，这一过程是在实践中发生的。在原法租界

---

① 观察时间为2019年3月31日（周日）上午10∶30左右，天气晴朗，气温为18℃。

的背景下,这里吸引了较多的外籍使用者,社会文化影响着社会行动,从而产生了因文化差异而出现的活动分异。纵向来看,这个空间承载着上海市民,尤其是周边居民的集体记忆,在“记住—回忆—留恋—返回”的循环过程中,复兴公园不断吸引着逐渐老去的人们。尤其是作为现代化的产物,“法国公园”在20世纪初的上海并不多见,因此许多居民从童年起便已留下回忆。这些存在差异的人的喜好、行为方式本身就不同,自然也就会根据自己的年龄、性别、国籍、爱好等要素来寻找归属。当空间属性与社会属性产生匹配时,场所才能真正服务于人。

并不是所有公共空间都可以被公共活动所利用,这要求场所的尺度可以满足市民活动的需求。尺度太小不易形成一定规模的公共交往,太大则无法形成联结。笔者举一个反例。前文提到的Z公园拥有较大面积的水系(河流、池塘和小湖),整个空间被蜿蜒的道路和水系分隔,难以形成一定面积的活动空间,再加上部分区域较为封闭,因此园内虽有合唱、舞蹈等市民活动,但规模较小。然而Z公园的大部分公共活动却存在于园外——位于公园西侧外墙和高架马路之间的长方形空地上。这里常常聚集了近百位中老年市民,他们的日常活动包括棋牌、球类、乐器演奏、歌唱表演等。出现这一特殊现象的原因之一就是Z公园内没有为使用者提供尺度适宜的活动空间。

通过以上的对比,笔者发现复兴公园是一个空间布局合理的有利于群体活动的公共场所,正符合丹麦建筑师、城市规划设计师扬·盖尔(Jan Gehl)的“人性尺度”理论。他认为空间尺度应该根据人的感受、人体的维度、人活动的范围来确定,环境应该服务于人①。这种在大场所中形成小场所的方式,既不同于现代公园的集体式疏离,也不同于私人领域带来的亲密感。是一种更适合陌生人交往的公共空间。在这些小尺度空间中,一些环境要素也发挥着作用,例如“坐凳”。

2. 小尺度空间中的“坐凳”

玫瑰园、春广场和沉床花坛是园内最具法式风格的景观,玫瑰、月季等植被精心修剪,形成毯状图案,有着较高的观赏休闲性。配合绿植景观,这几处安置了许多带有靠背和把手的双人座椅,椅面呈弧形,贴合人体结构,使用起来十分舒适,吸引了较多中老年人和歇脚的游客。美国社会学家威廉·怀特

---

① 扬·盖尔,张学,杨磊.回归人性化城市——扬·盖尔专访[J].城市环境设计,2017(1):235-237.

(William Whyte)认为,座椅的距离和形状是公共空间是否吸引人的关键要素之一,“坐凳空间”是衡量一个公园或广场设计的重要标准,“最受欢迎的广场一般有大量可以坐坐的空间,而那些不那么受欢迎的广场,一般可以坐坐的空间要相对少些”①。复兴公园不仅有着大量座椅,而且座椅的种类不尽相同。休闲长椅本身就附带了观赏性;而中国园的石凳则更容易使人与人之间产生交流,因此吸引了喜欢棋牌的中老年男性;复兴公园还有一类六边形长条木椅,围树而建,它们成为棋类爱好者的使用区域。复兴公园的座椅分布遵循“小集中、大分散”的原则,容易促使人群的聚集,同时均匀分布于景观各处,避免形成使人孤僻的区域。

复兴公园的座椅还有一个特点,即除了中国园的中式圆凳和长廊条椅外,其他所有类型的椅子都设置了靠背(图2)。

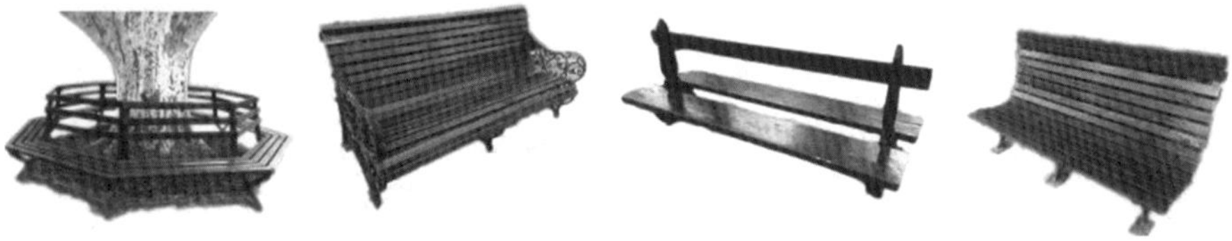

图2　复兴公园中的靠背椅

(郝孟琪/拍摄、制作)

根据笔者的调查,复兴公园共设置了203把双人靠背长椅和6组围树式靠背长椅。相比于无靠背的椅子,靠背增加了舒适性和安全性,更适合老年人和儿童使用。笔者在上海市中心城区的三处同时拥有靠背椅和无靠背椅的公园Z、J、D随机访问了12名公园使用者(4名儿童、4名中青年、4名老年人)。其中,只有一名正在锻炼身体的男性老人青睐无靠背座椅,他认为无靠背更便于锻炼;而其余11人都更喜欢有靠背的座椅,他们多数是考虑到老年人的舒适性和儿童的安全性。从座椅的设计来讲,复兴公园是一个对老人和儿童较为友好的空间。公园的管理部门——黄浦区绿化管理所的工作人员告诉笔者,园内之所以有如此多的靠背长椅,主要是为了尽可能保留原初的法国样式,这里的大部分座椅都经历了几十年的沧桑岁月,因此显得较为陈旧。其实,管理所自身并没有特别考虑座椅靠背,他们本着修护而非替代的原则,留下了这些法兰西遗存。但另一方

① 威廉·H. 怀特.小城市空间的社会生活[M].叶齐茂,倪晓晖,译.上海:上海译文出版社,2016:25.

面，管理所也会逐渐弥补原先设计所带来的不足，如 2007 年改造时新增了春广场，在炎热的夏季，这里高大的绿植可以为市民提供大面积的绿荫。

然而，如今较多的城市公共空间更注重对景观的营造，忽略了人性的尺度。例如：Z 公园在重新整修后将一部分靠背椅替换为平椅，市民反响较差；另一个位于静安区的 J 公园是一个以雕塑为特色的现代公园，它的设计旨在促进人与艺术以及人与人之间的交流，但是园内座椅大部分为无靠背长条形，虽然与周围的艺术雕塑风格一致，却缺少了交流的前提——友好（图 3）。

图 3　Z、J、D 公园的无靠背座椅

（郝孟琪/拍摄、制作）

座椅是一个城市公共空间中最常见的设施，却也是最必不可少和重要的元素。复兴公园中的每一个小尺度空间都提供了大量的座椅，如沉床花坛的座椅就多达 64 把，平均间隔不到一米（图 4）。对比人流量更大的 D 公园，后者座椅明显不足。笔者在某一调研日发现，在一条每分钟往来 70～80 个行人的滨河百米小道上，只设置了 5 把双人椅和两处可供 8 人休息的凉亭，沿路的双人椅上多挤着 3～4 名休憩者①。当城市公共空间的座椅只是用来承载疲惫的身体或是满足协调景观的需要时，它对于使用者的交往意义将会变小。

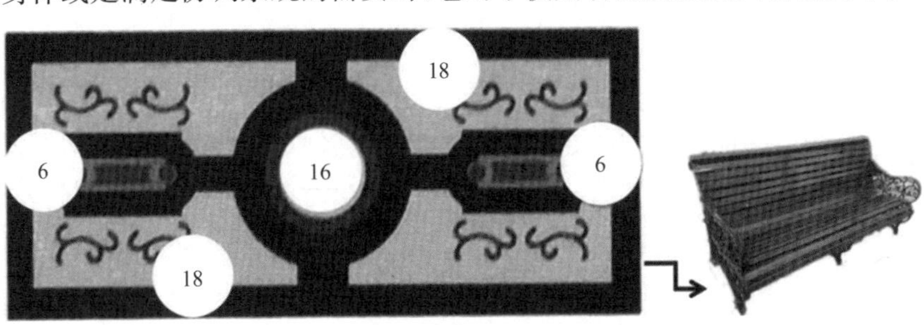

图 4　复兴公园沉床花坛座椅数量图示

（图片来源：复兴公园官方；郝孟琪/制作）

① 观察时间为 2019 年 3 月 31 日（周日）的午后（14：00—15：00），天气晴朗，当时正值公园举办郁金香花展，人流量大。

美国著名社会学家理查德·桑内特(Richard Sennelt)在《公共人的衰落》一书中对"死亡的公共空间"进行了描述:一些现代公共空间变得越来越统一和同质化,一些没有实际意义的、对人不友善的空间被人为地制造出来,现代城市的公共空间变得死寂和冷漠。① 之所以会出现这样的情况,是因为一些设计者热衷于个体创造,忽略了场所的意义在很大程度上是被使用者赋予的。复兴公园是一个既不嘈杂也不冷漠的城市公共空间,在其悠久历史与空间布局的交织下,这里的使用者来此多数是为了活动而非游览,他们通过丰富多样的公共交往活动为公园增添了活力。

三、作为场所的社会交往属性

"场所"不同于"场地",前者既包含了物理空间的属性,也包含了个体或群体间进行社会交往的属性。城市中的公共空间,是一个具有公共性质的社会交往场所,这个场所的开放程度越高、空间尺度越适宜,公共活动也就越简单、多样、日常。扬·盖尔认为,人们建设城市的同时,城市也会影响它的居民,塑造城市生活应该优先于规划城市空间,现代城市一直以来遵循的注重速度和效率的范式本身就需要改变,以利于重新构建适合市民生活的公共空间。他认为:"研究人性尺度很简单,理解它的来源也并不难。它就来自人类自身,然而这一切都在现代主义规划理念中被遗忘,至少被严重曲解。"②对于经常来复兴公园活动的市民来说,它已经融为生活的一部分,它所提供的是一种更日常、更持久的社会交往。笔者将列举其中的三类活动空间,从年龄、性别、活动类型等不同角度对复兴公园的社会交往状况进行考察。

(一) 亲友空间

位于复兴公园东南部的大草坪面积 8 000 多平方米,是一个以亲友群体间的活动为主的空间。桑内特在《公共人的衰落》一书中写道:"在人们看来,心理自身又仿佛有一种内在的生活。人们认为这种生活是非常珍贵、非常精致的花朵,如果暴露给社会世界各种残酷的现实,它就会枯萎;只有被保护和隔离起来,它才会盛放。"③他认为个体变得更加关注自身的情感世界,更依

---

① 理查德·桑内特.公共人的衰落[M].李继宏,译.上海:上海译文出版社,2014:14-19.

② 扬·盖尔,张学,杨磊.回归人性化城市——扬·盖尔专访[J].城市环境设计,2017(1):235-237.

③ 理查德·桑内特.公共人的衰落[M].李继宏,译.上海:上海译文出版社,2014:4.

赖家人和亲友关系,不愿意信任陌生人。

笔者将理论推进到实证层面,发现复兴公园大草坪的亲友活动空间验证了桑内特的观点,在亲友交往面前,公共交往确实很难发展。这里的群体大多以家庭为单位,外籍家庭多是父母及孩子两代,中国家庭既有两代也有三代。阳光充足的周末中午及午后(炎热的夏季正午除外),是大草坪最热闹的时候,天气、时间、尺度适宜的空间,成为亲友活动的重要环境要素。笔者的调研季节主要为冬季和春季,与一些公园的草坪相比,复兴公园的草长势较慢,三四月份依然不见新芽。然而即使如此,依然可以看到十几组家庭、情侣或好友在草坪野餐,其中外籍家庭居多,他们大多 3～5 个家庭组成一个团体,既是家庭聚餐又是好友聚会。而更多的家庭则是以儿童为中心,一起玩耍皮球、飞机、风筝等玩具。在这样一个亲友空间里,好友家庭往往会一起活动,但陌生家庭之间一般少有联系。人们似乎对家人和好友以外的任何人都漠不关心,很多时候并不会因为自己身处公共场所而考虑自身形象,可以肆意和亲近的人一起欢笑玩耍、追逐打闹。

如果将视线扩展,会发现这个空间还存在另外三类人,他们人数较少却使得整个空间变得更加丰富。首先是小型社团,如在草坪的西侧和南侧,时常有一些玩空竹的老年人,他们会吸引周围人的目光,尤其是儿童,但笔者几乎没有见到过家庭成员与他们攀谈。另一类人很受家庭的欢迎,他们是为草坪提供娱乐工具的小贩。想要知道一个以儿童为主的空间的游戏类型,看看小贩的布袋便可知晓,无论是中国家庭还是外籍家庭,都逃不过这一诱惑。然而他们之间似乎只有买卖关系,交易之后便又成了陌生人。第三类人可以称为"看客",草坪外围坐着许多年纪稍大的人,有些人是来享受阳光的,有些则是草坪家庭中的长辈,他们像是这场亲友聚会的观众,但更多时候是沉默的观众。这三类人的存在,更加印证了桑内特之前的观点,即现代人更倾向于投身亲密关系而远离陌生人组成的外部世界。

在城市中,多数室外公共空间都会设置草坪,除了美化城市景观,它还塑造着空间形态并影响着市民活动。草坪的开阔性更适合儿童玩耍,许多家庭,尤其是中国家庭选择这里作为活动场所主要是为了满足孩子的需求。草坪的柔软性更易使人放松,很少有人愿意躺在石子或砖石地上,但草坪却使多数人都会产生坐下来或躺下来的冲动。上述两大特质使得我们习以为常的草坪在公共活动中扮演着重要角色,这是一个介于公共性和私密性之间的场所，它在一个空间中所占的比例可能会成为影响这一场所社会交往的要素之一。例如：上文提到的D公园草坪面积占公园面积的1/3左右，其他空间则大多更具观赏性，因此来这里活动的市民多以家庭为单位，整个公园以亲友交往为主；而J公园内设草坪却不准踩踏，只有两旁道路和一个面积较小的中心广场作为市民活动空间，因此它成为一个观赏性为主、缺少市民活动的公共场所。对比以上两个城市空间，复兴公园的草坪面积占整个园区的1/10左右，既创造了一定的亲友室外活动机会，也为其他交往留下了空间。

（二）男性空间

桑内特对于公共交往的悲观态度并未蔓延在整个复兴公园，除“亲友空间”外，其他两个活动空间都展现出了较强的公共交往意愿。“男性空间”并不是复兴公园某个活动场所的名称，而是笔者在考察后发现的三个男性聚集空间的统称，它们分布在复兴公园西侧，由南到北分别为棋牌空间、茶室空间和时事讨论空间。在“男性空间”中活动的人数约为三四百人，聚集者99%为男性，其中大多为退休后的中老年人。之所以对这一群体尤为关注，是因为以往的研究认为在现代城市公共空间中，女性使用者数量往往高于男性。威廉·怀特（William Whyte）在《小城市空间的社会生活》一书中认为，在最大程度使用的公共空间里，女性人数一般高于平均水平，因为“女性对她们选择坐在哪里，要比男性更挑剔一些，女性会花更多的时间掂量多种可能性”①。然而通过笔者的观察，复兴公园却是一个男性人数更多的公共空间，他们尤其喜欢聚在一起打牌喝茶、聊天讨论。笔者将以茶室空间为例进行具体说明。

由于茶室的封闭性和盈利性，许多人会选择在茶室边界外围露天进行活动，此处“茶室空间”指的便是处于边界外围的活动空间。复兴公园的茶室出售茶水和咖啡，价格在15～35元之间，这个价格对于每日来此的老年人们来说是笔较高的花费，因此在“每杯茶水提供一个座位，自带茶水请勿入内”的规定下，人们自带桌椅茶水，3～5人围坐一桌，在茶室外围形成了独特的男性交往空间。他们的活动时间主要在午饭之前，大部分人每日都会参加。复兴公园的实例表明，男性比女性更爱聚集交谈公共话题。

---

① 威廉·H. 怀特.小城市空间的社会生活[M].叶齐茂，倪晓晖，译.上海：上海译文出版社，2016：13.

（三）音乐空间

在复兴公园中，存在许多属于公共交往的空间，上文提到的男性空间便是一类，他们不同于大草坪的亲友空间，一起参加活动的都是曾经的陌生人。活动者大多有着相似的兴趣，虽然在公园里一起活动，甚至第一次见面就可以热烈交谈，但是绝不会侵入对方的私人领域（生活中，而非话语层面），离开复兴公园这个场所后，他们又会回到自己的私密领域。园中的音乐空间就是一个典型。

复兴公园的音乐空间分布广泛，主要分为演唱、舞蹈、乐器演奏三种类型，活动主体为退休中老年人，大多是业余人士。演唱群体分为合唱团、乐队表演和独唱等形式，人数多则两三百人，少则二三十人，分散于公园的不同位置；舞蹈的种类较为多样，有民族舞、交谊舞、现代舞等，每一个群体的活动时间和地点都是固定的，几乎没有出现过抢位现象；乐器演奏者的活动空间是大草坪东侧的开放式步道，演奏萨克斯和小提琴的人较多，大多数人来此是为学习交流而非表演，当然，公共空间的乐器演奏本身就带有一部分表演的性质。笔者以复兴公园规模最大的“长寿合唱队”为例对音乐空间进行说明。

“长寿合唱队”成立于 1997 年 12 月 28 日，是一支在卢湾区老龄委员会和复兴公园领导的扶持下，由经常在复兴公园内活动的离退休干部、教师、医生和职工等自发组建的群众性歌咏队①。队内每年在册人数保持在 250 人以上，会员年纪最小 50 多岁，最大 89 岁。合唱队每年会费 50 元，用于年末节日团建。活动形式分为三种：复兴公园内“窗口式”大合唱、节日主题演唱会及由声乐基础较好的队员组成的艺术小分队。其中在复兴公园的大合唱是笔者本文想要讨论的重点。虽然入团需要缴纳会费，但是公园大合唱却是无门槛、无约束的，任何人都可以随时加入或离开，再加上这里只唱不教，因此它的交往意义大于学习意义。然而这种交往不只是言语的交往，还包括在音乐演唱这一肢体行为和群体活动这一关系场域共同作用下的无声交往，这种交往是一种不同于亲友交往的公共交往。

虽然在桑内特的叙述中，公共交往对于现代人的重要性降低了，但是对于复兴公园中的部分活动者来说，它有着亲友交往无法替代的重要性。

① 摘自《“长寿合唱队”队内简介》（合唱队内部资料，未发表）。

合唱队的成员大多居住在周边，许多搬离此处的成员依然选择每日长距离往返。有一名老人，因早年生过大病、儿子远居日本并带走了孙子，身心都受到过极大的创伤。她告诉笔者，由于自己身体状况较差，儿子带走了正在由她照顾的孙子并去了日本，她对此非常难过。在讲述这段经历时，她的声音中仍透露着虚弱与悲伤。现在，她每日都开着代步车来此参加合唱。初次见到她时，她正站在自己的车旁一边锻炼身体，一边随合唱队哼唱两句，她认为这会使她的情绪好转。另一名老年成员虽然身处合唱队中，却始终不开口，听一阿姨说，老人患有阿尔茨海默征，参加合唱队只是喜欢这里的氛围，希望借此改善病情。那名老人端坐在合唱队第一排，自始至终都面无表情，却坚持每日参加活动。在复兴公园中，"长寿合唱队"的活动场所是固定的，类似的交往场所还有很多，这类活动空间会形成一种"亲友空间"无法带来的情感满足，这是公共交往本身所带来的情感体验。为何会出现这一现象？这与现代公共空间的复合形态以及公共领域转向日常生活有关，更与现代化过程中家庭联结的松散以及理性化制度对日常生活的深入影响有关。

四、日常生活化的城市公共空间

前文对复兴公园的物理空间和社会交往进行了考察，从空间和社会两大属性来看，私人领域和公共领域在其中交织，现代城市公共空间中既存在公共交往，也在不同程度上受到私密交往的"入侵"，是基于空间布局和社会活动所形成的复合形态。现代公共空间不再是一个只关注公共事务的舞台，而是成为日常生活的一部分。其实，桑内特早已关注到这点，他将具有强烈政治意涵的公共领域拓展到了普通人的日常生活，成就了西方研究公共领域的第三派——日常公共生活派。

基于公共领域的转型以及消费社会的影响，城市公共空间本身也发生了转变，休闲娱乐、消磨时光、锻炼身体成为此类场所的重要特征。除此之外，日常生活化了的公共交往一方面保留了意见表达的空间，另一方面则更关注个体作为人最本真的情感世界。

（一）公共交往的情感联结

桑内特早在《公共人的衰落》一书中就谈到过公共领域中的情感。他认为公共领域是一个由熟人、陌生人等一群相互差异较大的人构成的社会生活领域，这个领域处于家人和好友之外。在浪漫主义等思潮的影响下，个体试图对社会产生一种亲密想象，但外部世界却让人们大失所望，在社会变革的影响下，人们从公共领域向家庭撤退，个人变得越来越难以相信陌生人，社会由“他人导向”向“内在导向”转变。然而复兴公园的实例证明，面对孤独，个人可能会向公共生活靠拢，在一个具有无差别可达性的空间，公共交往可以产生一种不同于私人交往的情感联结。个体身处其中很容易产生积极情绪，可以暂时抵御孤独和内心世界的创伤，这种情感一方面来自群体内的个体间交往，另一方面来自群体本身的力量。医学领域也证明了公共交往对于个体的精神状态确实会产生有益影响，任赐儿等人通过临床试验发现，群体式开放管理模式有效地改善了精神病人的孤独心态，促进患者社会功能正常化①。

具体来说，复兴公园内的大部分小尺度活动场所都较容易进入，一般情况下，由亲友组成的团体排斥性较强，但由公共人组成的空间的融入性较高，甚至是与笔者身份、性别、年龄等方面差距较大的“男性空间”都对笔者呈现出欢迎的状态。但这一观点的提出存在前提条件：第一，受到这种情感联结影响的主要是那些家庭纽带松散且有时间进行公共交往的人；第二，并不是所有公共空间都具备这种情感力，对比一些千篇一律的现代公园，类似复兴公园这样具有历史和空间特质的场所影响力较强；第三，场所的受众定位很重要，一个可以满足市民活动需求的空间更容易产生公共交往，而以商业化和观赏性为主的场所则往往与消费联系在一起，如果个人需求可以通过消费来获得，那么交往的意义也就有所下降。在复兴公园内，容易因公共交往而产生情感满足的主要是中老年人，相比青年人，他们更容易产生情感需求。

（二）中老年人的公共交往需求更大

上海市统计局发布的数据显示，2017 年，上海老龄化率达 14.3%（按照联合国的划分标准，一个国家或地区 65 岁及以上的老人占总人口的 7%，该地区即被视为进入老龄化社会），在国内主要一线城市（北上广深）中老龄化程度最高。其中户籍常住人口中 65 岁及以上的老年人口达 315.06 万人，户籍人口老龄化率为 21.8%，即平均不到 5 个户籍人口中就有 1 个人是 65 岁

① 任赐儿，梁忠新，颜辉.群体式开放管理对慢性精神分裂症男性患者孤独心理康复研究[J].现代康复，2000(9)：1318-1319.

及以上的老年人；而 60 岁以上的占比更高，高达 33.2%，即每不到 3 个户籍人口中就有 1 名 60 岁以上的老年人①。然而与此同时，独居老人、留守老人的比例在不断扩大，在寿命越来越长但陪伴却越来越少的时代，孤独成为一个重要的主题。相比于女性，男性更应该受到关注。基因研究表明，在孤独症谱系障碍中，男性患病比例要远高于女性，这可能是由于男性对孤独症风险基因更敏感②。

在复兴公园中活动的大部分老年人是与配偶居住或是独自居住，一些老年人的子女远在国外。基于交往的需求，他们选择与"陌生人"一起聊天、活动，这已经成为他们日常生活中的一部分。在复兴公园，有一个独特的老年代步车群体，他们多聚集于中国园和沉床花坛，十几位老年人将车围拢，坐在车内聊天直至午饭或晚饭时间。他们行动不太方便，因此需要开车前往，但即使身体不便，他们依然选择与他人交往而非休憩在家。在复兴公园，类似的公共交往还有很多，在这样一个具有无差别可达性的城市公共空间中，那些在金钱、地位、身体状况等方面都处于弱势的群体的需求更容易被满足。这种现实状况使得公共交往的意义不仅限于意见的表达，它已经成为日常性的公共生活，交织在每个人的生命当中，甚至可以成为人类最本真情感的支撑。

（三）情感需求背后的现代化成因

公共交往的情感意义之所以会在现代社会变得突出，一方面是伴随着公共领域的结构转型，公共领域受到私人生活的入侵，逐渐成为日常生活的一部分；另一方面，这也与现代化的进程有关，主要表现在以下两个方面。

其一是私人领域中的家庭联结正在变得松散，尤其在大都市中表现得更加明显。随着大家庭的分化、个人主义的兴起、交通便捷性的增加，现代社会出现了前所未有的"家庭危机"。家庭成员长时间、长距离流动，离婚率不断上升，结婚率下降，宠物作为家庭成员地位上升，这一系列社会现象都说明家的概念逐渐淡化，家庭的纽带不再牢固。在这样的社会背景下，家庭为个体提供的庇护作用不再像传统社会那样有效，个体趋向于通过各种俱乐部、社

① 上海统计局.上海人口老龄化现状和预判[EB/OL].(2018-05-16). http://www.stats-sh.gov.cn/html/fxbg/201805/1002033.html.

② 张丽宏，陈安涛，陈骁.孤独症的性别差异：从基因、性激素到脑结构[J].中国临床心理学杂志，2017(4):635-638.

团、公园活动等公共交往来缓解在大都市生活的孤独感。私人情感和公共情感是不同的,后者无法替代前者,但是当私人领域越来越难以满足情感需求时,个人渴望交往的需求便很难从家庭中得到满足,于是会转而投向公共领域。个人并非希望从公共领域中获得家庭般的关爱,但是却可以在一定程度上缓解私人领域衰退所带来的失望、寂寞等情绪。尤其对于中老年人,这一影响尤为明显。

其二则是理性化对个体交往活动的深刻影响。现代化的一大特征是理性化,尤其是理性化的社会制度在一定程度上决定了个体在何时、与谁交往,即个体生命历程的趋同化。孩童在幼年时期便已知晓自己前半生的人生轨迹,从校园求学到职场工作,后辈总是跟着前辈的步伐,在社会制度的安排下逐渐社会化,大部分人不必担心找不到同伴、交不到朋友,因为在这一过程中,同龄人、相处的时间和场所这些交往要素无需努力便可得到。然而退休之后,"人生安排"仿佛戛然而止,工作所带来的充实感、人生价值与公共交往一并失去,如果此刻家庭成员不在身边,那么个体便会产生难以派遣的焦虑、孤独和丧失感。而在性别方面,男性在年轻时往往可以获得比女性更高的社会地位和财产收入,退休之后面对巨大的心理落差,他们更容易产生焦虑和孤独的情绪。这也许解释了为什么复兴公园这个以中老年人为主的公共空间中会存在更多的男性活动者。对于这些有公共交往需求的人群,复兴公园便彰显出其独特的价值。一位坐在长椅上的老年人讲述道,她的孩子不在身边,和丈夫相处多年已经无话可说,她喜欢坐在跳舞的人群旁边,这样可以让自己心情愉悦。

(四) 公共人在衰落吗

对于"公共性"的发展状况,多数学者持悲观态度,他们从各自的理论视角出发,认为"公共性"正在丧失。阿伦特和哈贝马斯认为,公共领域和私人领域的界限不再清晰可辨,二者相互入侵,公共领域发生了转变。桑内特从言论、服饰等日常公共生活方面进行阐释,他认为公共生活和私人生活出现了失衡,个人向私人生活靠拢,导致了公共人的衰落。安东尼·吉登斯(Anthony Giddens)在《现代性与自我认同》中认为现代公共生活的特征是"公民的无动于衷"。罗伯特·D. 帕特南(Robert D. Putnam)以"独自打保龄球"为隐喻,从社会资本的角度提出美国社区生活和公民公共参与正在逐渐走向衰落。而丹·拉瑟(Dan Rather)提出"后院篱笆原则",从传播学的角度说明了公共话题受到私人领域的深刻影响。①

这些西方理论在世界的大部分公共空间中都得到了验证，一些实证研究表明，它们也同样适用于中国。然而随着社会的发展，同时考虑到不同国家的国情差异，情况往往会发生变化。帕特南在1995年提出了“独自打保龄球”的理论，当时的研究具有普遍性，他认为美国人似乎不再愿意把闲暇时间用在与邻居一起喝咖啡聊天，或者走进俱乐部去从事集体活动，而是宁愿一个人在家看电视或者独自去打保龄球，社会信任、社团参与都有所下降。② 然而当“9·11”恐怖袭击之后，帕特南的研究表明，美国人更加信任政府和邻里，对公共事务的关注度也提高了，从“独自打保龄球”变成了“一起打保龄球”。③ 在2010年，他又提出了更加细致的研究结论，即不同种族、出身的儿童的公共参与存在差异。④ 帕特南的研究表明，公共交往和社会信任不是一成不变的，公共性会随着重大事件等条件发生变化。他的经验启示我们，新的具体研究有其必要性。

通过对复兴公园的考察，笔者发现，退休后的中老年人群体表现出比其他年龄段群体更强烈的公共交往意愿。他们比较容易接近，尤其愿意与自己或自己子女年纪相仿的人交流；他们更容易信赖他人，甚至会将自己最私密的故事告诉陌生人；他们中的一些人，尤其是男性会围坐在一起交谈公共事务；他们在与他人交往的过程中暂时缓解了孤独、沮丧的情绪，同时也帮助对方获得情绪上的安定，在情感上形成互惠，产生了一种社会结构之外的社会资本。单次的交往虽然短暂，但是当公共交往变成日常后，它对于个人的意义将是持久和深远的。虽然通过复兴公园这一个案例无法完全回答“公共人是否衰落”这一问题，但至少在这个普通的城市公共空间中，我们看到了“公共性”的活力和价值。

---

① 董倩.从陌生人到公共人：现代都市文明何以可能——从理查德·桑内特《公共人的衰落》说开去[J].中国图书评论，2015(3)：49-52.

② PUTNAM R D. Bowling alone, America's declining of social capital[J]. Journal of democracy, 1995, 6(1): 65-78.

③ PUTNAM R D. Bowling together: The United States of America[J]. The American prospect, 2002(13): 20-22.

④ SANDER T H, PUTNAM R D. Still bowling alone? the post - 9/11 split[J]. Journal of democracy, 2010, 21(1): 9-16.

五、结语

通过对复兴公园历史发展、空间布局和市民活动的考察,笔者发现其历史和空间具有一定的典型性,在这一基础上丰富且具有活力的公共交往得以形成。如今的城市公共空间大多呈现出一种复合形态,它受到公共性和私密性的共同影响,在不同的活动空间内部表现不同。这种“复合”,其实是基于阿伦特和哈贝马斯的理论体系而言的,在“复合”的影响下,现代城市公共空间体现出一种由物理空间和社会交往共同作用下的日常公共生活形态。在这种形态下,“公共性”的发展并不是令人悲观的,个人受到现代化的影响,被孤独等情绪笼罩,加上家庭纽带变得松散,朋友在逐渐失去或难以获得,他们就会倾向于通过公共交往获得情感上的支持。

本文从复兴公园案例中发现了退休中老年人这一特殊群体,在公共性缺失的今天,他们成为渴望并愿意实践公共交往的人群。复兴公园的时空特征具有一定的特殊性,以至于笔者在所调研的其他三个城市公园——Z、J、D公园内都未找到相似的情况;然而复兴公园作为一个普通的城市公共空间,其形态必定以相似的面貌存在于其他地方。因此,本文具有普遍意义。“公共空间”这一议题,结合老龄化、社会流动、孤独感等现实问题,值得做进一步的研究。

社会资本视阈下的里弄居民社区参与研究

——以南昌路东段城市更新项目为例

郝孟琪*

摘　要　本文聚焦于一项综合性的城市更新项目，重点考察了"上海别墅"和"福元小区"这两个住宅区居民的参与状况。经过几十年的社会和空间变迁，这些新旧里弄社区内部的社会资本逐渐衰弱，也使得居民的社区参与方式呈现个体化的倾向，对于社区决策的影响力较小。在社会治理理念的影响下，本地基层管理者也在逐渐转变治理方式，一方面更强调与居民之间的互惠、合作，另一方面也希望建立社区治理共同体。在新的协商机制下，居民很难快速抛却原本熟悉的参与方式，管理者也需要适应在治理中的新角色。但我们也看到了一些积极的变化：居民以组织化的方式参与社区公共事务，有助于集体性的表达；民主协商的方式在一定程度上可以影响行政决策，也使一些良好的社区建设方案得以实施。

关键词　社区治理　居民参与　社会资本　城市更新

一、文献回顾与问题的提出

伴随着城市行政管理体制的改革，社区建设成为在单位制解体后新的实现社会整合的重要途径。根据社区形成过程研究，参与的公共性、过程性和再生产性使得参与本身构成了社区建设的核心机制（杨敏，2007）。社区参与是一个多元主体共同参与的过程，不同角色的行动策略、互动方式、作用影响各不相同。在这一背景下，对于居民的社区参与状况的考察成为研究社会秩序、公民权利、国家权力、社会治理等议题的重要视角。从这一视角出发，国内学者们的研究内容主要集中于以下五个方面：①居民参与的要素（包括主

---

*　郝孟琪，同济大学社会学系硕士研究生。

体、内容和方式);②制约参与的因素;③激励参与的对策;④参与的动力、模式及机制;⑤参与的功能与意义(申可君,2013)。

无论研究内容侧重于哪个方面,许多学者都发现了一个较为普遍的现象,那就是居民在社区中的参与程度较低。彭善民和许骥(2015)调查了上海市 18 个区县 4 种不同类型的社区,调查显示上海市居民社区参与程度较低,70%左右的被调查者没有参与过任何社区活动,较经常参与社区活动的居民只有 10%左右。那么,这背后的原因是什么?这种局面该如何改善?学者们普遍认为在这些社会现实的背后存在着来自国家和社会两方面的影响因素。夏学銮(2002)提出中国社区建设有两个原动力,其一是政府自上而下的规划推动力,其二是社区自下而上的需求拉动力。这一观点得到学界的广泛认可,也成为分析影响居民参与因素的两大视角。

以往研究表明,这两个视角有着深厚的理论渊源。制度主义理论家强调政府动员与制度对公民参与的促进或限制作用,制度背景可以影响什么人参与以及如何参与。从这一路径出发,一些学者阐释了我国的制度、政策等外部因素对居民参与的影响。王星(2012)认为在社区制度下,不存在独立于政府的居民组织。阿兰纳·伯兰德和朱健刚(2007)深入探究了表演性参与,并认为"每一次带有演出效果的'群众参与'都扩大了理想意义上独立自主的市民空间与由既存政治经济力量形塑的社区公共空间之间的鸿沟"。

一个结果的背后往往存在着内因和外因的联动,因此除了外部因素,一些学者也从社区内部寻找答案。社会资本理论的重要代表人物罗伯特·D.帕特南认为,个体之间通过合作、互惠、参与集体社会行动,可以产生社会信任,形成社会资本,从而推动民主化的进程。因此,他将社会资本定义为:"普通公民的民间参与网络,以及体现在这种约定中的互惠和信任的规范。"(帕特南,2015:1)与此同时,他认为社会资本还具有"外部性",从而影响到更广泛的社区。从这一研究路径出发,一些学者对社会资本进行了实证测量(桂勇,2008;项军,2011),发展出一些基于邻里交往、社会信任和社区参与而形成的测量维度。大多数研究表明社会资本对社区参与有着正面的促进作用,但社会资本的类型不是单一的,参与的类型和模式也有多种,不能简单认为二者就是正相关的关系。因此,社会资本的类型被不断细分,如陈捷、卢春龙(2009)区分了"共通性社会资本"和"特定性社会资本",曾鹏(2008)探讨"融合性社区网络"和"离散性社区网络"对集体行动的影响。而另一部分学者受到社会资本理论的启发，从居民内部寻找线索，试图揭示出参与主体的结构性不平衡。包括因利益不同形成的意见分化（王星，2012）；关于年龄差异带来的参与意愿差别，多数学者认为老年人的参与热情更高，但表现出更多的对体制的依赖性（姜振华，2009；熊易寒，2012；马卫红，等，2000）；也包括因知识、能力、社会关系等文化和社会资本不同呈现出的差异（涂晓芳，2008；黄荣贵，等，2011）等。多数学者认为这些分化使得社区居民内部无法形成强有力的联结性。

随着社会主体性增强、个人权利意识觉醒，以及社会治理理念得到官方的正式认可与采纳（2013 年党的十八届三中全会），居民的社区参与程度不断提高。如何在社区内部建立或激发社会资本，从而提升居民在公共事务领域的参与是实践与理论都在积极探索的内容。本文认为已有文献存在几点值得探究的地方：第一，有学者认为社区运动才是“社区意识”形成的关键，是社区“由自在到自为的过程”（夏铸九，2007）；社会资本可能源于社区成员面临共同压力所产生的集体合作需求（石发勇，2008）。然而这种观点似乎与帕特南的研究结论有所差异，他认为社会资本是一个历时性的积累过程，不是突然的闪现，“在建立互惠规范和公民参与网络上，历史可能发展得更加缓慢”（帕特南，2015:5）。第二，国家在社会资本形塑过程中的作用是怎样的？刘春荣（2007）强调，特定形式的国家介入乃是社会资本得以发展的必要动力。这一观点与上文提到的国家制度抑制社区参与的结论相悖，现实情况似乎更加复杂，因此值得进一步讨论。第三，在理论的指引下，我们应该更加关注研究案例本身的现实意义，可以从历史的角度探寻其社会资本的发展状况，并与现实中的公民参与、社会网络进行对照。尤其是一些存在时间较久的社区，可能更具有代表性。

本文将从帕特南阐释下的社会资本视角出发，研究上海市南昌路雁荡社区在一个城市更新项目过程中居民的社区参与情况。该社区内的住宅样式以新式里弄为主，也包括一些新旧石库门里弄等，大部分属于直管公房，其发展过程不同于普通的商品房小区，因此在社会与空间变迁以及居住结构等方面都有着一定的独特性。本文将遵循如下研究思路：这些里弄社区中的社会资本经历了怎样的历史变迁？社区内部联结性的变化是如何影响城市更新项目中的居民参与的？基层政府在社区治理的背景下，以何种方式来助力重塑社区资本？其积极意义和面临的挑战又有哪些？

二、里弄社区的历史与现状

南昌路跨徐汇区和黄浦区①，东起重庆南路，西至襄阳南路，全长1 690米。如今，这条街区位于“衡山路—复兴路历史风貌保护区”内，该保护区形成于20世纪上半叶，于2003年11月正式批准确定，是上海12片历史文化风貌区中面积最大的一个。这里是原法租界的中心，云集了上海曾经的高级住宅。由于当时的开发模式不同于今日商品房小区的大规模统一规划，因此这里汇聚了不同年代、不同建筑风格的社区住宅。

本文主要聚焦的“上海别墅”和“福元小区”位于南昌路东段的雁荡社区内。从行政划分来看，雁荡社区共分为4个小区：178弄小区、613弄小区、福元小区、永业大楼。然而从居民的实际生活来看，传统里弄才是他们的生活单位。上海这座城市像是一个生命体，纵横交错的道路如血管般交织于城市的肌肤中，而老城区中那些狭小得似毛细血管般的通道就是弄堂。19世纪末在上海逐渐兴起的里弄住宅，大多采用联排的方式，在一条主弄形成的纵轴上依次展开，这也是上海较早的小区形式。每个里弄住宅区都有自己的名字，如南昌路136弄为“花园别墅”、110弄为“上海别墅”、100弄为“老渔阳里”、74弄为“福寿坊”。别墅、里、坊等名称代表了不同时代、不同建筑风格的住宅，是老上海人记忆里的居住单元。如今，一些名字已经很少被提起，但当询问居民的住址时，大部分人都会说自己住在某某弄，而不会回答行政划分后的名字，这体现出一种对居住身份的认同。

因此，只有深入每条弄堂，才会发现其内部空间和交往的复杂性（图1、图2）。在这近百年的变迁史中，社区中的社会资本在逐渐衰弱。本文将以“上海别墅”这一传统里弄为例，来对此进行具体考察。

图1　雁荡社区卫星图

（图片来源：百度地图）

① 南昌路所在的黄浦区原为卢湾区，2011年并入新黄浦区。

图 2　雁荡社区里弄地图

（图片来源：百度地图）

（一）里弄社区中社会交往的悄然变化

“上海别墅”建成于 1916 年，住宅样式为三层新式里弄，俯瞰下去，这是一个非常完整的里弄住宅区：六幢风格一致的联排别墅由南向北纵向排列，住宅的东侧是一条由南进入的主弄，每幢楼之间则有支弄。据居民介绍，“上海别墅”非常好地保留了 20 世纪初建成的上海里弄社区的基本形态（图 3）。但这一形态只是从外部来看的，其内部的居住结构和交往关系发生了较大的变化。当回忆起几十年前的交往状况时，大部分居民会用到“帮衬”“互助”等词语，本文选取了一段来自居民的描述：

> 我们一栋房子三家人家，两个亭子间是一家，三楼一家，我们一楼和二楼一家人家，厨房都要公用的。以前人家地方小，我们地方大，我婆婆想那我们就在天井烧饭，后来时间久了，我们在厨房间就没有位置了。以前的人没太多（利益）概念，就觉得那你们用好啦。（居民肖阿姨访谈，2019-09-27）

帕特南认为普遍互惠准则是社会资本的试金石。普遍互惠的意思是：就算我不认识你，就算我得不到丝毫立竿见影的回报，我也会毫不犹豫地帮助你，因为我坚信，你或者其他人在未来我需要帮助的时候，也会给我以回报（帕特南，2018：133）。然而在今天的新（旧）里弄社区内部，社会资本逐渐衰弱了，互惠性的交往变得越来越困难，冷漠和不熟悉成为常态。这背后的原因是什么呢？帕特南给出了一些具有普遍意义的答案：时间和财富的压力，市郊化、上下班和城市扩张，电子娱乐的影响，代际更替。学者孙立平分析了国内的情况，他认为如今社区中的交往相当稀少，社会关系也比较淡薄，这主要源自两个因素：单元式住宅以及单位制分割（孙立平，2001）。除了这些原因，在本文所研究的案例中，来自整个社区的空间及社会变迁也很重要，本文将从家庭、邻里和社会这三个方面来进行阐释。

(a) 俯瞰图（图片来源：改建单位） (b) 弄堂口（郝孟琪/摄） (c) 主弄（郝孟琪/摄）

图 3　上海别墅俯瞰图、弄堂口及主弄

（二）社区资本衰弱的原因

1. 家庭关系：令人窒息的“亲密感”

在家庭方面，新式里弄住宅在设计上更适合两代人组成的小家庭居住，而非传统大家庭的四世同堂。因此在最初入住时，一栋楼（以号为单位，类似于商品房小区的“单元”）大多只有一户人家。在使用之初，这里的厨卫等现代化设施已经非常齐全。从正门进入，穿越底层的花园天井便可到达客堂间，底层主要有客堂间、楼梯间和厨房。二楼和三楼的布局则较为简单，由一间卧室和一间带有浴缸的卫生间组成。每层之间的转角处还有亭子间，面积一般在 7～8 m^2，一般为佣人房或儿童间。另外，大部分新式里弄还设有壁炉这种典型的西式取暖设备。在这里，中国已经开始了早期城市化的步伐。

然而两个因素改变了这里的居住结构。首先是20世纪70年代以前,国家还未实行计划生育,因此子女较多,在有限的空间内,小家庭逐渐发展成为大家庭,因分家而带来的空间分割在每个家庭不断上演。但更大的变动来自20世纪五六十年代,在政治运动的影响以及全市人均住房面积增加的需求下,这些新里住宅以家庭为单位的独栋居住模式被打破,每栋都有一层或两层收归房管所,之后由房管所对这些房屋进行再分配。知青"上山下乡"和资本家因为成分而被迫迁出,大量"居住困难户"涌入,一栋楼居住着四五家人家,形成了"七十二家房客"的场景。在这样的外力作用下,居住格局发生了较大改变,客堂间消失了,每个家庭的隐私却敞开了。居住空间的挤压拉近了人与人之间的距离,这种"亲密感"已经到了令人窒息的地步,反而容易带来摩擦和矛盾。帕特南研究了美国20世纪后半期的社会资本发展状况,他发现人们逐渐疏离了亲友和社区生活,宁愿一个人在家看电视,或是独自去打保龄球。本文所研究的里弄社区也出现了社会资本下降的情况,但与经典案例相反的是,造成这一结果的原因是居住空间和交往尺度太小。在这一过程中,亲属之间也会产生矛盾,尤其是旁系亲属。在与居民交谈的过程中,经常会听到兄弟姐妹因争抢居住空间而形同陌路的故事。此处列举一个生活片段,弄堂中的亲属关系可见一斑。

> 兄弟姊妹也有矛盾的,你有条件你买房子,没有条件不买房子嘛,就拼着命要动脑子嘞,要吵嘞。我丈夫他们家在这里住了79年了,兄弟姊妹从来没有分开过。我们家(二楼)隔了5个平方给我公公的弟弟,他们妹妹家(三楼)隔了5个平方给这个弟弟。但这个弟弟生了个儿子,也有矛盾的。后来在儿子10岁时他和老婆离婚了,他儿子已经32岁了,到现在还没结婚。(居民汤阿姨访谈,2019-05-23)

帕特南认为公民参与的减少伴随着传统家庭单位——妈妈、爸爸和孩子——的崩溃。因为从某种意义上说,家庭本身是社会资本的一个关键形式,其衰落可能是更广大的社区参与和信任减少的部分原因(帕特南,2018:290)。反观中国社会,家庭关系的改变先是从大家庭分裂成小家庭,而后子女外出求学或工作、离婚率上升等因素也促使了小家庭内部的不稳定。在本文所研究的社区内,人口增加和房屋分配使得居住空间狭小破碎,随着周边地区的开发，资金充足的居民选择在外买房，但社区内部的空间分割和交往变化已经很难恢复到原本的状态。因此，目前的居住状态是：有些家庭房屋空置，有些家庭却因为居住面积而争吵不休；资金充足的年轻人往往在别处购置了房产，受房价困扰的则只能“剩”在老房子里。另外，这些里弄社区的独居老年人比例较高，如在“上海别墅”中以家庭为单位来计算，有24%为独居老年人①。原本作为个体庇护所的家庭，却逐渐变得松散。

2. 邻里交往：混合居住难融合

除亲属关系外，邻里之间的联结性也不强。从历史的角度来看，这主要来自两个方面的原因。

第一个影响因素与上文所讲相关，空间的变动带来社会关系的改变，每栋楼内的日常交往从家庭变为邻里，当厨房、晒台和卫生间都成为公用部位，在水表、电表还没有分装的时候，邻里之间因为资源使用而出现争执的情况非常普遍，甚至有些家庭因此结下较深的恩怨。有居民说：“周围的邻居都是在这里住了几十年了，张三和李四不可能是一条心……居民内部的矛盾靠自己是不可调和的。”（居民叶叔叔访谈，2019-09-04）为了缓解矛盾，居民们开始了自主改造，通过在天井和晒台搭建厨卫设施、分割厨房等方式来进行利益交换。然而有限的空间为行动增加了难度，邻里摩擦引起的不悦情绪日积月累，逐渐动摇了曾经建立起的关系网络。

第二个原因是人口流动带来的居住混合。1943年之前，南昌路都属于法租界，这里聚集了政商文艺界的精英人士。与单位制不同的是，这些传统老社区最初的联结性来自经济和文化资本的一致性所构筑成的社会资本。然而在20世纪60年代之后，许多原住户成为“出身差的人”，而这一时期涌入的居民大多属于“出身好的人”，如干部子女、劳动模范等。不同身份群体由于生活方式、价值观念等方面的差异，在混合居住的过程中并不那么容易融合。在访谈过程中，20世纪60年代前入住的居民大多会提到，在这一时期，弄堂里变得更加拥挤和嘈杂，与新入住的居民相处较难；而新来的住户比较喜欢三三两两聚集交谈，也不同于原住户偏向于陌生人社会的交往模式。如今，这种差异已经随着下一代的出生和中国普遍城市化的进程变得越来越难以察觉，但居民内部的邻里关系早已发生变化。随着里弄中的房屋被买卖

① 根据2019年6月居委会的统计结果计算得出，当时“上海别墅”中居住着54个存在亲属关系的家庭。

和出租，人口流动变得更加频繁，越来越多的居民对周围的邻居知之甚少，甚至连名字都叫不出。这些变化使得社区中的每个小家庭甚至个人成为一座孤岛，面对外部的压力常常较难抵御，越是缺乏有效的沟通和交往，个体就越会畏缩不前。

3. 社区自治组织的缺失

里弄社区的大部分居民只是房屋的承租人，而非产权人，不同于今日的商品房小区，这里的住宅性质经历了较为独特的发展过程。如“上海别墅”最初是由资本家戚少斋买入，之后戚家以出售房屋使用权的形式将住宅“顶”出去，这是一种既不同于“买”，也不同于“租”的房屋交易形式。20 世纪上半叶，上海的房子由于供不应求，房价飞涨，房东为了保险起见，要求租客一次性预付费用，却得不到产权，所以称其为“顶”，所付费用则称作“顶费”。由于当时纸币贬值比较严重，房东收取顶费时只收金条不收其他货币，因此就有了“用金条顶房子”这一说法。用金条顶下来的房子虽然没有产权（房契），但可以一直住下去，不需要另外支付房租，并且可以转售和出租，成为“二房东”。这一交易方式一直持续到 1956 年，公私合营时期，政府采用国家经租、公私合营等方式，对城市中的私人房屋进行了社会主义改造。市区业主可以留下 150 平方米（郊区业主 70 平方米）的自住房屋，其余房屋参加公私合营和国家经租。业主留作自用的房子，政府予以确权并发给产权证，成为“私房”。在“上海别墅”的 31 栋住宅中，现只有戚家是自留的私房，其他住宅均已在社会主义改造中成为公房。

因此，居民没有权利组织“业主委员会”，物业公司也由公房公司直接聘请，这使得社区中缺乏可以协商议事的居民自治组织，物业公司作为社区事务的管理者也不需要直接对居民负责。在当代社会，社会联结带有较强的秩序性和组织性，更容易通过制度来建立。但自治平台的缺失抑制了居民对于社区事务的参与，个体化的行动不利于观点的有效表达，意见的多元化也难以形成影响决策的力量。这些历史的原因深刻地影响了当今的社区参与状况。对此，我们可以通过考察南昌路东段的城市更新项目来具体讨论。

三、居民群体的个体化倾向

本文聚焦的城市更新工程是一个“复合项目”，主要由两部分组成。第一部分是“两精一高”示范区建设。这一工作由瑞金二路街道主导,并在2019年3月成立了“专项工作领导小组”。此次示范区建设包含两个层面的内容:其一是落实市委、区委的工作要求,实现基层治理创新;其二是突破街道自身发展瓶颈,理顺各方关系,提升工作满意度。在后期的实际工作中,主要表现为:拆除违建并恢复历史风貌、楼道整治、社区美化与智能化、成立社区自治家园等。第二部分是历史建筑的修缮。该工作主要由上海永业集团负责,永业集团是一个国有独资公司,主要从事房地产开发经营和卢湾区(现并入黄浦区)直管公房的经营管理。“衡复历史风貌区”自确立以来,其街区内住宅已经经历过不同程度的“中修”“大修”,此次修缮的独特之处主要在于两点:其一是从只关注建筑外立面到改善内部生活条件;其二是与示范区建设相配合,在与街道办事处的合作中实现风貌区的保护。因此,这是一次城市更新与社会治理相结合的实践。项目的推进过程,就是基层管理者与居民的互动过程,也是居民参与社区公共建设的过程。在本文所研究的案例中,大部分情况下个人都需要直接面对街道或集团领导,表现出一些独特的参与和表达策略。

(一) 居民的个体化行动策略

在里弄社区中,居民不是完全的沉默者,他们对于自身生活和社区发展的需求在提升,对于基层政府和房管集团的要求也在提高,这与整个社会的发展息息相关。如厨卫独用、拆迁安置是如今大多数居民较为关心的问题,之所以有这样的诉求,一方面与里弄内部希望划分清晰、减少摩擦有关;另一方面对比外部环境,当厨卫设施成为城市中每户家庭的基本标配后,里弄社区的居民感受到自己的生活变差了。但社区资本的衰弱使得居民更偏向于个体化的表达,个体的参与方式与群体存在较大区别,他们缺乏平台、制度作为参与的保障,因此只能通过个人智慧来“想方设法”表达自己的意见和观点。

1. 非情绪化口语表达

当问到居民会如何表达诉求时,永业集团的一名管理者表示,这里的居民喜欢给他们写信。“他们当面会说好的,但是不开心的话会给我们写信,尤其是老年人。其他一些街道的居民吵过就算啦,不会给我们写信的,吵好了就结束了。”(卢湾区公房公司袁总访谈,2019-09-18)居民的行动受到教育经历及其本身经济、文化资本的影响。在雁荡社区中,语言表达其实是居民最初也最常使用的表达方式，但是当意见不被采纳时，保持克制是一种被大多数居民所认可的行为。但克制并不意味完全沉默，只是大部分人似乎都不愿意选择情绪化的表达方式：争吵。他们不会因为对房屋修缮过程不满而直接与施工队吵架，更多时候会寻求居委会的帮助，或通过书信等方式与管理者沟通。10月中旬的一天，“上海别墅”中出现了少有的情况。有居民认为工人在修补井盖时偷懒、不专业，破口大骂，声音震动了整条弄堂。对面的邻居对他说：“你去和居委会的人讲，管管这个人，他脑子不清桑（不清楚）。”这个居民的行为，在其他邻居看来是不太可取的，更多人认为争吵无济于事。

法国社会学家皮埃尔·布迪厄（Pierre Bourdieu）创造性地对“惯习”（habitus）这一概念进行了解读。他认为惯习最初来自家庭，父母在家庭内经常向自己的孩子传授各种知识和技能。与此同时，孩子们在学习这些知识和技能的过程中无意间也将学习方法身体化了，这些方法此后便转化成一种用于判断应该接受哪些知识或技能的性情倾向（朱伟珏，2005）。因此，不同家庭背景、教育程度的人在选择表达和行动方式时存在差异，这些身体化了的惯习在经历了几十年的生命历程后，依然影响着个体的性情、态度和习惯。当然，提供建议后的结果并不总能令人满意，但从瑞金二路街道各单位对于信访的态度来看，这仍是个体居民表达自身诉求的一条重要途径。

2. 含蓄表达

这一区域的居民不仅在表达方式上不愿选择直接的、粗鲁的方式，在表达内容上有时也较为含蓄。这些参与特征一方面源于“习惯”的影响，另一方面也是基于直接表达无法满足实际诉求，只能通过言说其他内容来掩盖自己的真实想法。公房公司的一名管理者提供了一些与居民交往的例子。

> 我最开始是处理投诉的，在呼叫中心，有些居民很聪明，他可能投诉的是一件事，但是诉求又是另外一件事。社区内的住宅在修缮，建筑垃圾没地方堆，我们就放在门口的空地上。居民说这个建筑垃圾如果堆的话我没地方停车。但其实这里本来就没有停车位，没地方给他停车的。他还是在讲建筑垃圾不能堆在这儿，他说：“你建筑垃圾没有了我才满意，不然我就一直不满意。”实际上他的目的就是要停辆车，因为这种老旧小区没有划分停车位，最多也就是先来后到，平常可以协商，但是你说建渣不能放肯定是不行的，因为要修房子，这是不可能完成的任务。还

有居民说房子太旧，要修，我们去给他修，他却说："我要动迁，把房子拆掉吧。"很多居民是不愿意修的，他们说："你们这样是浪费国家的钱，浪费国家的资源。"帽子给你一顶顶戴上去，他们就希望把房子拆掉或者改建。（卢湾区公房公司袁总访谈，2019-09-18）

这一区域的新旧里弄虽然居住条件较差，但在上海市还有环境更差的住宅，从政府的角度来说，解决住房困难存在优先级，越差的情况越先解决。因此有些居民希望自己的房子越来越差，从而得到动迁的机会。居民表达内容含蓄，一居民指着新装的空调外机栅栏说："你看它们多难看。这么多空调，怎么能好看呢？就应该搬出去一些居民，人少一点，或者国家全部买下来，好好开发。"这些含蓄的表达，是一些持续性的声音，是来自民间参与的智慧，但是也反映出居民对于现实的无奈。

（二）基于居民行动的管理者策略

当社区中的社会交往逐渐减少，社会组织无法为居民参与提供平台，个体只能通过非正式的方式表达诉求，是否就意味着社区治理的天平向管理者倾斜了呢？通过对雁荡社区的考察，我们发现基层管理者也有自己的行动困境。本文所研究的这项城市更新工程由于涉及范围广、决策层级高，居民很难对决策结果有所改变，但街道办事处和房管集团在工程实施过程中也并非一帆风顺，他们受到来自上级和居民的双重压力，需要不断调整行动策略，工程进度被多次推迟。帕特南的研究表明：公民精神较强的地区的政治领导人比公民精神较弱的地区的领导人更愿意妥协，前者不否认利益冲突的现实，但不害怕达成创造性的妥协（帕特南，2015：111）。"妥协"这个词有时也会出现在街道办事处和房管集团的工作当中，管理者的社区治理理念影响着居民的行动，居民的行动又反过来影响了管理者的应对策略。

此次项目的重点工作之一是"恢复历史风貌"，而恢复风貌的一个大前提就是拆违工作。实际上，这是上海市政府三年前就提出的要求，但对于老城区居民来说，有限的居住空间关系着基本生活需求，拆违遭到居民的强烈反对。因此，黄浦区的该项工作一直未能有效执行。但徐汇区在这一方面进展较快，这使得黄浦区有了压力，再加上 2019 年上海市政府加大了拆违力度，因此从基层政府的角度来看，这项工作已经到了不得不做的地步。虽然拆违工作具有一定的强制性，但街道办事处采用了较为柔和的方式，他们希望在拆之前得到居民的同意，同意的标志就是居民在“自愿拆违书”上签字。因此在工作实施之前，街道执法整治组成员主要做的是与居民沟通。他们采取的方式是逐一沟通，每次只与一到两家居民谈。然而，逐一沟通存在较大缺陷，其一是耗费时间，其二是情况具有不确定性。如“上海别墅”的某户，整治组原本是与家里的长辈沟通，但是老年人的抗拒性比较强，他们又想办法与家里的年轻人沟通，希望通过小辈来说服长辈；还有一户一直空关，户主住在养老院，因此整治组需要去养老院与他谈，但是这位老人对此事比较抵触，整治组只得去找他的孤老姐姐，试图令她同意。在拆违工作中，街道一方面想为自己的行为增加合法性，另一方面也不希望在民众心中留下强权者的形象。

总体来看，居民的行为都没有形成大规模的集体行动，但双方也缺乏有效的沟通平台，大部分时候都是在博弈。这种互动状况令双方都不满意，无论是居民还是基层管理者都无法顺利地按照自身意愿行动。如何缓解双方在项目过程中因意见不合而出现的僵持状态呢？基层政府和房管集团采取了一系列互惠性的举措。当博弈转变为互惠后，居民与基层管理者之间的沟通似乎会更顺畅一些。这里有一些关于互惠的例子。拆除违章建筑只是恢复历史风貌的一个重要前提，此次项目还包括很多内容，比如营造街区环境。因此街道承诺为拆除顶棚的天井安装伸缩雨棚，一方面作为美化社区的内容之一可以专款专用，另一方面也可以缓和双方紧张的关系。对此，居民并非完全乐意，但和露天相比，伸缩雨棚的接受度相对高一些。目前，南昌路东段拆除搭建物的天井中，大多已经安装了蓝色或米色的雨棚。除了这一举措，房管集团在房屋修缮过程中也会提供一些额外的帮助。例如本次修缮的范围是住宅公用部位，包括楼梯、公用厨房和房屋外立面等，但为了推进工作，增加居民的信任感，施工团队也会为一些有需求的居民粉刷墙面、更换地板，或者为一些生活困难的家庭安装厨卫设施，以进一步改善居住环境。

但这种互惠其实是有限的。在基层治理中有一个较常见的现象：公共服务项目化。除工资和日常支出外，几乎所有的建设和公共服务资金都“专项化”和“项目化”了，通过专项化和项目化的资金分配，中央控制了地方政府预算资金的支出权限（渠敬东、周飞舟、应星，2009）。资金虽然支出在地方，但是基层管理者却不能完全自主地使用。因此，瑞金街道没有权力为拆除违建的居民补贴钱款，一方面因为违建房屋不受法律保护，另一方面也因为项目资金和基层权力的限制。永业集团也无法为所有房间都实施装修，因此只能做到一定程度的互惠。在这次更新项目中，一些工作也获得了居民的称赞，如公用厨房的装修、楼梯间的修复、弄堂空间的美化。瑞金街道领导一直强调要让居民有“获得感”，这种获得感来自哪里呢？也许建立长久而持续的互惠关系可以作为未来基层治理的探索重点之一。不过，这些局部的互动是不够的，居民内部仍然缺乏进行集体化表达的机会。那么，通过怎样的方式才可以构筑居民和管理者正式沟通的平台？如何建立一种社区治理共同体？让我们通过考察自治家园这一组织来进行讨论。

四、社区治理共同体的探索

以往对于社区组织的研究集中在居民委员会和商品房小区的业主委员会，但公房性质的社区由于居民只是承租人，因此一直未能设立类似“业委会”的组织。借着此次社区更新项目的机会，瑞金二路街道联合卢湾公房公司共同成立了上海市首个公房社区自治组织——自治家园。自治家园以小区为单位建立，目前已经成立两个，一个在锦江社区内的国泰公寓，另一个在雁荡社区内的福元小区。除此之外，他们计划将这一做法推广至街道辖区内的其他地方。本文就以福元小区作为主要考察对象，来讨论治理共同体的建立对于居民参与社区事务的影响，以及制度建设是否有希望助力社区资本的重塑。

（一）居民参与和政府在场

随着单位社会的解体，在缺乏中介组织的社区中，对于国家与社会互动背后的权力逻辑大致形成了三种不同的判断。第一种观点认为在社区治理过程中，国家其实从未（也不可能）退场，社会中浸透着国家的身影和力量，时而看得见，时而看不见（王汉生，2011）。第二种观点认为国家虽然在场，但不再像过去一样拥有强大的动员控制能力，国家看似仍然与城市基层社会紧密地吻合在一起，但实际上这种吻合仅仅是一种外在的表现，学者桂勇认为这是一种“粘连”模式（桂勇，2007）。第三种观点认为社区虽无法脱离政府的指导和支持，但是将作为一个独立的社会共同体在社会生活中发挥作用（卢汉龙，2004），尤其是居民自选的业主委员会在形塑国家权力中发挥着重要的作用。

里弄社区的现状似乎更偏向于第一种判断。因为这里的居民大多经历过计划经济时代，对国家有着较强的依赖，在房地产开发的黄金时代，一些居民仍认为国家会帮助他们改善生活条件，不愿搬离，而如今则盼着国家帮助动迁。另外，在社区内部联结性较弱、老龄化程度较高、居住条件不理想的背景下，基层政府会时常发挥作用，形成政府在场的局面。但是“正式的政治参与活动已经逐渐退位，围绕个体性事务及利益诉求而产生的社会行动成为其中的主要议题”(王星，2012)。成立自治家园就是瑞金二路街道和永业集团在社区建设中的一项重要举措。

自治家园于2019年7月份正式成立，这一组织的成立来自房管集团、基层政府和社区居民三方面的需求。首先，作为公房所有权代理人，永业集团下属的卢湾公房公司长期以来面临三大困境：聘请的物业公司因入不敷出，管理很难到位(虽说是聘请，但物业公司其实也是房管集团的子公司)；日常管理需要靠居委会动员，在社区中的威信越来越低；公房承租人个体化的行动策略无法达成自治共识。对于街道来说，他们希望借助这一组织突破自身发展瓶颈、理顺各方关系，来解决社区内长期存在的各类问题，同时创新基层治理模式。而对于居民来说，他们可以借助这个平台获得更多集体参与和表达的机会，卢湾公房公司承诺将物业服务监督管理权适当让渡给公房承租人，赋予他们更多的管理参与权。

每个小区的自治家园具有独立性，主要包括两大机构：议事大会和执行委员会。“议事大会”为社区居民及公房公司共同参与，分为定期会议和临时会议，定期会议每年至少召开1次，临时会议经执行委员会主任提议后召开。会议上的决定需房屋承租户及所有权人总人数半数以上同意。执委会由5名委员组成，职责包括组织召开议事大会、执行大会决定、处理日常管理事务等。执委会主任由卢湾公房公司的成员担任(第一任主任是一位律师)，副主任及其他委员是来自小区的居民或商户代表，由议事大会通过选举产生(第一任为等额选举)。从这一组织的章程来看，这是一个多元主体共同参与的平台，包括党组织、街道办事处、房管集团、社区居民、居委会等。这一组织是否可以促进居民的社区参与、推动基层民主化的进程？

(二) 案例分析：福元小区充电桩安装始末

隶属雁荡社区的福元小区，由南昌路74弄福寿坊和雁荡路56弄元昌里组成，现有居民256户。74弄和56弄中间原本由围墙隔开，建筑样式也存在差异。20世纪90年代之前，围墙被拆，两条弄堂之间可以互通，但两个住宅区仍保持一定的独立性。借着此次示范区建设的契机，街道将它们合并成了福元小区，希望进行一些创新性的尝试，如社区智能化，包括安装智能垃圾箱、电子门禁、充电桩等。本文通过福元小区安装充电桩这一案例，来具体考察自治家园的现实意义。

在执委会第一次（6 月 20 日）及第二次（7 月 4 日）会议上，主任及委员讨论了一些社区中存在的问题，并确定将福元小区 56 弄修缮和车辆管理作为第一阶段的工作重点。随着对规范停车的讨论，社区中电动车的充电安全问题成为焦点。福元小区共有电动车 30 余部，为了充电方便，一些居民会私拉电线，造成触电和火灾隐患。为解决这一问题，街道和物业想要在小区内安装充电桩，同时配合电子门禁和垃圾箱房，一卡三用，实现公房社区的智能化。执委会计划在 74 弄门口的过街楼安装 11 个车位，在 56 弄中间的过街楼安装 22 个车位。在 7 月 19 日召开的管理答复会上，部分居民参与了讨论，当时讨论的问题主要聚焦在是否撤销岗亭上，对于充电桩并未过多涉及。目前，74 弄的充电桩已经安装完成并投入使用，而 56 弄的充电桩则遭到居民的强烈反对。

在为 56 弄安装充电桩之前，施工方没有及时张贴“居民告知书”。在安装过程中，施工方与居民之间出现了对峙，尤其是过街楼上的居民，他们认为将其安装在自家楼下很不安全，担心发生火灾。这是本事例中第一次出现具有实际影响力的居民参与行为，是以无组织的集体行动形式出现的。居民的坚持使得施工被迫停止，9 月 11 日，执委会邀请 56 弄的十几名居民、居委会、物业、街道领导、充电桩安全顾问等人召开了“充电桩安装答疑会”，会议由居委会书记主持。这次会议充满了张力，居民并不反对安装充电桩，但是希望改址，原因主要是两个：其一是安全性难以保障，如若发生火灾，过街楼上的居民不易察觉、难以逃离；其二是弄内有一个小学，每日人流量大，安装后将使得弄堂更加拥挤。在整个过程中，居民情绪激动，街道和物业几次想要讲话都被居民打断，当时安全顾问有事未及时到会，居民一直要求有安全知识的人来参会，对街道和物业口中所说的“安全”并不信任。整个会议最后演变成了街道与物业想要极力说服居民，但居民联合形成一股压倒性的力量，双方互不妥协。最后还未等会议结束，居民便纷纷离场，此次协商未果。这是第二次重要的居民参与实践，可以发现目前自治组织的动员仍需要依靠居委会的力量，被组织起来的居民在初期也具有个体化的特征，往往只是简单地表达诉求，不知如何与对方谈判来实现自己的目标。同时我们也可以看出，居民一旦被组织起来，将形成一股强大的力量，可以在社区公共事务上产生重要影响。

基于这样的情况，执委会于一周后又召开了一次会议，情况与上一次相似。在这之后，街道与物业改变了策略，派居委会入户发放“充电桩同意书”，同时重点走访外围居民，了解他们的态度。据居委会相关人员介绍，大部分居民是不愿意装的，而对于那些有电动车的人来说在自家充电也更省钱，因此安装意愿并不强烈。这便是第三次居民参与的实践，又回到了个体化的参与方式。在这之后，56弄的居民还进行了两次上访来表达诉求。从这四次的社区参与来看，第一次属于居民自发参与，第二次是协商参与，第三次是被动参与，第四次是主动参与。参与形式的多样，也反映出如今基层治理中居民参与机制的混乱和不完善。但自治家园确实以制度的方式限制了行政力量，以下这段话来自于街道办事处的一名干事。

> 以前照道理这个充电桩直接装就可以了，最多给居民一个告示，因为居民有充电的需求，同时政府有相关的政策指示。现在给了居民很大的自主权以后，他们就会放大自主权，可以提出不同意。照道理又没有装在他家里，这个是装在公共的区域。讲起来家里的房子也只是有使用权，没有房产证的。如果是靠政府的强制力，直接做也就做成了，你说你去征求意见吧，总有人会反对……其实有的时候也挺同情他们（居民）的，但就必须要让你和居民沟通，让他们同意，真是蛮难做的。一个社区就是一个小社会，这个执委会就是给大家一个平台可以充分发表意见，充分了以后我们很苦恼，现在变成倒支着我们了。（街道王干事访谈，2019-10-14）

时至今日，56弄的充电桩一直未能成功安装，居民参与算是取得了阶段性的成功。这个案例一方面彰显了组织化的力量，另一方面也体现出基层制度建设对居民和管理者的双重影响。孙立平区分了社区建设和社区发育，他认为前者可以在一个比较短的时间内通过自觉的努力和行动实现其发展；后者需要经过长时间的缓慢发展，是一个较为自然的发育和演进的过程（孙立平，2001）。所谓社区建设，更偏向于自上而下的制度建设，而社区发育则更类似于社区治理共同体的发展过程。因此，自治家园的成立并不能代表治理共同体的建立，但一些研究太过注重制度的消极意义，忽略了其积极作用，尤其是对于社区发育的影响。

(三) 从社区建设走向社区发育

帕特南在《使民主运转起来》一书中对意大利 20 个地区的决策过程和政策实施做了全面的比较分析，他发现制度绩效高的地区，社会资本也较为丰富，如意大利北方的一些地区，而南方的许多区域则呈现相反的情况。这是他提出社会资本理论的一个重要论据，即社会资本对制度绩效的影响。但他同时也发现改革本身给地区政治生活带来了看得见的、大部分是有益的影响，这种制度变迁逐渐在价值观的认同、权力和战略上带来变化。这种变化也出现在原本缺乏社会资本的南方，为其创造了社会自治的土壤。如今的中国社会也处在变革的时期，随着社会治理理念的深化，制度创新与路径依赖成为学者们广泛讨论的话题。在现实中，往往制度先行，一方面历史的惯性对制度变迁有着巨大的影响力；另一方面，制度创新也在潜移默化着历史的演进。例如，在第一个建立自治家园的国泰公寓，执委会包括 3 名居民和 1 名商户，商户代表通过争取权益为该社区的商户们获得了 4 个停车位，一定程度上缓解了居民与商户争抢车位的问题。

诚然，目前的基层治理还存在着一些挑战。第一，居民内部还未完全形成利用执委会来行使权利的意识，对于自治家园的信任程度也不够高，因此总是需要居委会作为中介来进行动员。第二，居民还未适应协商的形式，在与管理者沟通的过程中容易情绪化，这一方面与居民的教育程度、年龄层次有关，另一方面也透露着对政府的不信任，沟通方式的改变、信任的建立需要二者长时间的磨合。第三，基层政府及相关单位在践行社会共治的理念时也需要调整自己的角色，抑制行政冲动，这意味着他们要花费更多的时间和精力去做沟通工作，需要不断在上级指令与社会现实之间做出调整。但其实民主协商的平台也使他们有所获得，不仅居民有了更多参与的机会，政府也可以提出社区建设的需求。从社区建设到社区发育是一个漫长的过程，帕特南认为制度建构的时间是以十年为计量单位的，那么在建立互惠规范和公民参与网络上，历史可能发展得更加缓慢。

五、结　语

本文聚焦于南昌路雁荡社区的一项综合性城市更新项目，重点考察了

“上海别墅”和“福元小区”这两个住宅区的居民参与状况。在研究过程中，我们发现这些里弄社区的社会资本出现了衰落的倾向，它并非一开始就存在或不存在，而是经历了一个发展变化的过程，其中的原因除了帕特南提出的一些普遍化的结论外，还与人口流动及空间变迁有关。与此同时，历史的原因也影响了如今居民的行动、态度和参与方式，并且构成了社区事务的重要部分。在这样的背景下，居民的社区参与方式呈现个体化的倾向，不同主体间的互动也存在诸多挑战，这使得居民参与和基层治理走向无序、碎片和低效。在社会治理理念的影响下，本地基层管理者也在逐渐转变治理方式，一方面更强调与居民之间的互惠、合作；另一方面也成立了自治家园这样的社区自治组织，希望赋予居民更多的管理和参与权利。在新的协商机制下，居民很难快速抛却原本熟悉的参与方式，管理者也需要适应在治理中的新角色，而居民对物业的监督权也需要进一步考察。但从自治家园的案例中，我们也看到了一些积极的变化：居民以组织化的方式参与社区公共事务，有助于集体性的表达；民主协商的方式在一定程度上可以影响行政决策，也使一些良好的社区建设方案得以实施。

在当前的居民参与研究中，治理理论应用较为广泛。它提出要转变政府职能，给予公民更多的话语权、参与权，建立政府与公民间的合作和互动关系，但这一理论更多的是以国家为主体进行研究，缺乏对社会内部的关切以及如何培育公民自治精神的探索。社会资本理论更关注人与人之间的交往，从这一理论出发，我们感受到制度创新与路径依赖之间的张力。当前，使居民联合起来的纽带主要是个体利益，还未形成一种有效的横向社会资本，但是互惠、信任和依附、剥削本身都具有积累效应（帕特南，2015：209）。那些重要的历史转折点可能带来极其深远的影响，因此改革本身是非常重要的，尤其是如何通过改革来培育一种温和、务实的政治文化。与此同时，历史发展的滞后性也提醒我们在治理的过程中要关注社会发展规律。中国的基层社会是复杂的，本文所研究的只是上海中心街区的一个案例，在不同类型的社区、面对不同结构的社会群体，具体情况可能存在较大差异，但也正是这些具有不同形态的涓涓细流，汇入支流，再汇聚成江河，才描绘出了中国大地的社区治理图景。

参考文献

[1] 杨敏.作为国家治理单元的社区——对城市社区建设运动过程中居民社区参与和社区认知的个案研究[J].社会学研究,2007(4):137-164.

[2] 申可君.城市社区建设中的居民参与研究——以佛山市L街道为例[D].武汉:华中师范大学,2013.

[3] 彭善民,许骥.上海城市居民社区参与现况及其优化路径[J].都市文化研究,2015(2):265-273.

[4] 夏学銮.中国社区建设的理论架构探讨[J].北京大学学报(哲社版),2002(1):127-134.

[5] 王星.利益分化与居民参与——转型期中国城市基层社会管理的困境及其理论转向[J].社会学研究,2012,27(2):20-34.

[6] 阿兰纳·伯兰德,朱健刚.公众参与与社区公共空间的生产——对绿色社区建设的个案研究[J].社会学研究,2007(4):118-136.

[7] 国务院发展研究中心公馆所.社会治理的理论与实践探索[M].北京:中国发展出版社,2018.

[8] 罗伯特·D.帕特南.使民主运转起来　现代意大利的公民传统[M].北京:中国人民大学出版社,2015.

[9] 罗伯特·D.帕特南.独自打保龄[M].北京:中国政法大学出版社,2018.

[10] 桂勇.邻里空间:城市基层的行动、组织与互动[M].上海:上海书店出版社,2008.

[11] 项军."社区性":对城市社区"共同体"性量表的构建——一项基于上海实证数据的类型学研究[J].社会,2011(1):22-25.

[12] 陈捷,卢春龙.共通性社会资本与特定性社会资本——社会资本与中国的城市基层治理[J].社会学研究,2009,24(6):87-104.

[13] 曾鹏.社区网络与集体行动[M].北京:社会科学文献出版社,2008.

[14] 姜振华.城市老年人社区参与的现状及原因探析[J].人口学刊,2009(5):38-43.

[15] 熊易寒.从业主福利到公民权利——一个中产阶层移民社区的政治参与[J].社会学研究,2012,27(6):77-100.

[16] 涂晓芳,汪双凤.社会资本视域下的社区居民参与研究[J].政治学研究,2008(3):17-21.

[17] 黄荣贵,桂勇.集体性社会资本对社区参与的影响　基于多层次数据的分析[J].社会,2011(6):11-13.

[18] 夏铸九.作为社会动力的社区与城市:全球化下对社区营造的一点理论上的思考[J].台湾社会研究季刊,2007(65):227-247.

[19] 石发勇.社会资本的属性及其在集体行动中的运作逻辑——以一个维权运动个案为例[J].学海,2008(3):96-103.

[20] 刘春荣.国家介入与邻里社会资本的生成[J].社会学研究,2007(2):60-79.

[21] 孙立平.社区、社会资本与社区发育[J].学海,2001(4):93-96.

[22] 朱伟珏.超越主客观二元对立——布迪厄的社会学认识论与他的“惯习”概念[J].浙江学刊,2005(3):174-178.

[23] 渠敬东,周飞舟,应星.从总体支配到技术治理——基于中国30年改革经验的社会学分析[J].中国社会科学,2009(6):104-127.

[24] 王汉生,吴莹.基层社会中“看得见”与“看不见”的国家——发生在一个商品房小区中的几个“故事”[J].社会学研究,2001,25(1):63-95.

[25] 桂勇.邻里政治:城市基层的权力操作策略与国家—社会的粘连模式[J].社会,2007(6):102-126.

[26] 卢汉龙.中国城市社区的治理模式[J].上海行政学院学报,2004(1):56-65.

研究述评

地方文化风格测量及其对城市发展的重要性
——评新芝加哥学派《场景》一书

吴　军*

摘　要　工业时代的学者们更多地把城市看作是作为地点(Place)的生产意义,而后工业时代的学者们却把城市看作是关于地点的美学意义(Aesthetics),涉及消费、体验、符号、价值观与生活方式等文化意涵。与生产意义相对应的是工业园区,与美学意义对应的是空间体验。如何将这种关于地点空间体验的文化意涵,系统地、合理地、清晰地表达出来?新芝加哥学派推出的新书《场景:空间品质如何塑造社会生活》就是致力于这样的探索。他们通过对美国1 200个城市与38个国际大都市的舒适物数据分析,构建出了场景理论,从而使对不同地方文化风格的分析与比较成为可能。更重要的是,他们借助于"场景"这个工具,把地方文化风格与城市发展驱动、现代社会生活塑造产生了因果关联,使原来"模糊不清"的文化意涵,变成了能够让人去触摸、去体验、去测量、去验证,从而使文化真正地为我们的城市政策服务,为相关从业者服务,为广大居民服务。这样理论在城市研究与文化研究领域均具有开创性意义。

关键词　场景　文化风格　空间品质　城市发展　新芝加哥学派

纵观全世界各地,大多数的城市正在迅速发生变化。这些变化中最引人瞩目的就是向消费的迅猛转变。以前不怎么显眼的地方,现在已被各式各样的城市舒适物(Amenities)设施与活动所占据。比如,咖啡馆、书店、特色餐馆、画廊、公园、酒吧、图书馆以及各种俱乐部沙龙等。

这些舒适物并不是孤立地原子化存在。它们以组合的形式,共同创造着独特城市场景(Urban Scenes),这些场景能够赋予城市生活的意义、体验和

* 吴军,北京行政学院社会学系副教授。

情感共鸣。当一个地方或社区变成一个场景时，它可以成为培养各类精神的地方，比如自我表达、合作意识、睦邻友好、迷人魅力、传统主义等。这些或其中的任一种精神，单独或混合地都取决于居住地的舒适物的场景组合中。场景(Scenes)，正在重新"定义"着城市的经济增长、居住生活、政治参与和公共政策等。它从消费与美学两大视角出发，构建出关于地方的文化风格，而这种文化风格所带来的地方体验，反映和形塑着现代人类的空间行为动机与社会生活秩序。这种系统性阐释对当前与未来的城市研究、文化研究均具有深远的意义。

《场景:空间品质如何塑造社会生活》一书英文原名为 Scenescape: How Qualities of Place Shape Social Life，是由新芝加哥学派领军人物芝加哥大学特里·克拉克(Terry Nichols Clark)和多伦多大学丹尼尔·西尔(Daniel Aaron Silver)合作完成，并于 2016 年由芝加哥大学出版社出版。2017 年，中国社会科学文献出版社购得该书中文版版权，委托中央党校(国家行政学院)祁述裕教授团队和北京市委党校(北京行政学院)吴军副教授团队共同翻译此书。

事实上，《场景》一书是一项历时多年跟踪研究的重要成果之一。该项研究最早开始于 20 世纪 80 年代克拉克教授主持的一项跨国研究"财政紧缩与城市创新项目"(The Fiscal Austerity and Urban Innovation Project)。他们以邮政业务编码数据(BIZZIP)、城市黄页(YP)和人口普查数据为主，对美国 1 200 多个城市和 38 个国际性大都市①里的成千上万种的舒适物设施与活动进行了分类统计、整理与比较，形成了一系列的成果，包括著作《新政治文化》(2006)、《作为娱乐机器的城市》(2010)、《托克维尔能否卡拉 ok?》(2014)等。

一、场景理论产生的经济社会背景

今天的大城市，已经成为后工业经济增长的焦点，重工业的雇佣工人逐渐减少，而服务业则不断增长，知识经济更是异军突起。许多关于个人服务和消费的舒适物设施与活动开始越来越多地定义着城市场景(Urban

---

① 这些国际性大都市包括纽约、芝加哥、洛杉矶、多伦多、东京、首尔、巴黎等。

Scenes)。正是这种现代大都市的经济社会发展现实“催生”了场景理论(The Theory of Scenes)。

20 世纪 90 年代末,经济全球化和科学技术的迅猛发展,第三产业蓬勃发展,知识经济开始崛起,后工业阶段特征日益明显。以美国为首的西方国家率先进入了这一阶段。那么,摆在克拉克等学者们面前的是:当今城市,该如何发展?这恐怕是全人类共同面对的议题。

当时的美国城市发展面临着四方面历史背景。第一,城市总人口增长停滞、内城出现负增长并开始衰败。比如,芝加哥市人口数量曾经连续 10 年都在不断减少。第二,产业结构调整和生产组织方式变革导致就业机会和大量劳动力大幅向第三产业聚集。这就释放了一个强烈信号,诸如创新创意人力资源发展创意产业的重要性,以及文化对消费的拉动作用。第三,消费在国内生产总值(GDP)中的比重逐渐变大。第四,信息技术极大地拓展了文化创意产业空间,它对个体、家庭、组织的生活与生产带来了前所未有的机遇和挑战。这些变化,和中国当前大城市的发展有着惊人的相似,不同的是,中国当前大城市发展还夹杂着一些工业时代的色彩。

工业时代的学者们往往更多地把城市看作是作为地点(Place)的生产意义,而后工业时代的学者们则把城市看作关于地点的美学(Aesthetics),涉及消费、体验、符号、价值观与生活方式等文化意涵。与生产意义相对应的更多的是工业园区,与文化意义对应的更多是空间体验。

如何将这种关于地点的空间体验的文化意涵,系统地、合理地、清晰地表述出来?目前,社会学学界还没有一套科学的理论体系能够做到这一点。《场景》这本书就是致力于这样的努力,通过全美 1 200 个城市与 38 个国际大都市的舒适物数据收集与分析,整合前人的研究成果,构建出了国际上首个关于分析地方文化风格及其对发展驱动和社会生活塑造的理论工具。这种发掘、分析、整合和提炼均具有开创性意义。

二、什么是场景以及场景分析的文化元素周期表

场景理论中的“场景”一词源于“Scenes”的翻译。根据“场景”在电影中的应用来看,它包括对白、场地、道具、音乐、服装和演员等影片希望传递给观众的信息和感觉。在场景中,各个元素的关系是相互有机关联,同质元素布

局之间有必然的出现关系，异质元素布局之间将表达颠覆性的思想。克拉克和丹尼尔将该现象引入城市与文化研究中来，进而形成了“场景理论”①。在城市中，场景的构成是“舒适物”设施与活动的组合。这些组合不仅蕴含了功能，也传递着文化价值观。文化价值观借助于舒适物和场景催生的独特地方体验，传递给不同人群，影响人们的心理认知与行为，塑造着现代社会生活秩序。尤其值得注意的是，“场景”概念已经超越了舒适物组合的物化概念，它是一种社会学家涂尔干笔下所描绘的社会事实。

正如“社区”(Community)这个概念的运用一样，它揭示着个体围绕生老病死所展开的一系列实践活动组成的符号意义。同理，“场景”这个概念揭示了各种消费实践活动的符号意义。在每一个城市场景里，个体进行着消费实践，收获了由实践而带来的地方体验、情感共鸣、价值认同等，如愉悦或憎恶、漂亮或丑恶、正确或错误、真实或虚假等。

为了讲清楚这个问题，克拉克和丹尼尔从三个维度去捕捉场景消费实践的关键元素：真实性(Authenticity)、戏剧性(Theatricality)和合法性(Legitimacy)。场景的每个维度都有设定的特有目标，这种目标是基于消费者对消费品位与价值特征的渴望。

真实性、戏剧性、合法性

真实性是关于哪个是真正的你，戏剧性是关于你怎样去表现，合法性是关于对与错的道德判断(表 1)。类似于中国文化中“真善美”的含义。“真”对应真实性(真实与虚假)，“善”对应合法性(道德判断)，“美”对应戏剧性(展现形式)。这三个类别在古典的社会思想中曾得到过阐释：从马克思·韦伯对合法性的关注，到戈夫曼对戏剧性的研究，再到乔治·齐美尔对真实性的探索……这些都已是社会学研究的经典主题。

表 1　场景分析的三个主维度

戏剧性 (Theatricality)	真实性 (Authenticity)	合法性 (Legitimacy)
相互的自我展示	发现真实的事与物	以道德为依据的行动
看与被看	扎根体验	倾听的责任

① 吴迪.基于场景理论的我国城市择居行为及房价空间差异问题研究[M].北京：经济管理出版社，2013：62-95.

续表

戏剧性 (Theatricality)	真实性 (Authenticity)	合法性 (Legitimacy)
合适与不合适	真实或虚假	对或错
外观或外表	认同	行动的意图
表演	扎根	评估

真实性、戏剧性和合法性是一个广义的类别，尽管它们能够帮助我们分析一个场景可以赞同或反对的意义类型，但我们还需要进一步去明确，比如到底是哪种类型的场景；仅仅从真实性和非真实性、戏剧性和非戏剧性、合法性和非合法性这些类别去解释现象，还远远不够。我们还需要说明什么样的真实性，比如本土真实性、国家真实性等；什么样的合法性，比如传统主义型合法性或领袖魅力型合法性，抑或自我表达型合法性；戏剧性以此类推。

表 2　场景分析的 15 个子维度

戏剧性		真实性		合法性	
爱炫的	矜持的	本地的	全球的	传统主义	新奇的
迷人的	普通的	国家的	非国家的	领袖魅力	常规的
睦邻的	冷漠的	族群的	非族群的	功利主义	非生产性的
越轨的	遵从的	企业的	非企业的	平等主义	特殊主义
正式的	非正式的	理性的	非理性的	自我表达	含蓄表达

为了更好地理解这 15 个维度(表 2)是如何彼此联系的，让我们想象一下化学元素周期表。化学元素周期表将自然界中各种原子元素进行排列组合，从而来分析事物原子层面的结构特征。同理，基于场景的文化元素周期表，能够去辨别不同地方的内部和外部呈现出来的具有美学意义的范围与结构，从而去发现文化生活的聚集。

这是一种强有力的概念工具，可以清晰地解释“究竟是什么样的方式，在何时何地，以及是什么原因使一种特殊的人群聚集在特殊的文化品位和活动中；同时，这些方式又是怎样随时间和地点而改变的”①。尤其注意的是，场

① SILVER D A, CLARK T N. Scenescapes: how qualities of place shape social life[M]. Chicago & London: The University of Chicago Press, 2016: 30-32.

景文化元素周期表，既不是一种纯粹的系统性的理论也不是纯粹的经验主义，而是从世界上先哲们已有文化研究范畴中提炼出的关键要素。这些文化研究范畴包括诗歌、小说、宗教、电影、文学、民族志、社会理论、美学理论、文化理论和哲学等。

关于真实性。真实性是指何者构成“你”存在的本源，真实的“你”来自哪里。对“你自身”范围的理解有助于我们去组织真实性的维度。从表2顶端开始，这些维度把“你”的地盘扩展到了全世界。首先，从“本地”认同开始，到国家层面的公民身份，再到跨国的族群认同，一直延伸到企业性质的合作意识，最后到人类共有的理性精神。理性的范围是没有限制的，因为它不仅能提供人类最真实的本质，也可以扩展到所有的理性主体，包括上帝与天使等。

关于戏剧性。戏剧性是关于表演的展现形式，同时也是一种确定的表演逻辑。它不是特殊对应普遍的关系，而是外部和内部，常规和异常的逻辑。首先，自我的炫耀性(爱炫)展示是为了使自己成为被人观看的对象：“看我啊!”但是究竟看什么，能否更具体一点？表2给我们看到了各种各样的可能性。你可以选择爱炫的、迷人的、睦邻的、越轨的、正式的等形式。你可以通过各种方式来展现自我，只要把想吸引的人群目光留住，比如观众或游客。你也可以像好邻居一样，给人一种睦邻温暖且充满迷人魅力的感觉。

关于合法性。合法性关注的是道德判断，裁决对或错的权威的根据来源。表2最顶端，从权威性开始，传统主义指向的是一种过去的权威，就像古典主义驱使人们要重视经典大师或英雄们的智慧。现有的权力存在于一个有号召力的人手里，在这些伟大领袖和先知的光环中，他们告诉我们应该去遵从他们的“指令”。但你也可以，让自己走向未来的权威，不是为了现在的快乐而活，而是为了未来而进行精确打算。这就是功利主义的态度：精于计算、前瞻性、权衡利弊。最后我们来看合法性的空间维度，这里存在着平等主义的全球理想，它告诉我们什么是好的，所有人都可以从中受益。

场景的组合逻辑。这15个维度是场景分析的基本框架，每一个具体的场景中都可能存在着多种文化价值观，比如本地的、自我表达、迷人等。对于构建场景的理论来说，组合的问题要比完整性的问题更加迫切。考虑到这一点，引用齐美尔的《货币哲学》中富有结论性的摘要：“并非你的某个特点而是你的全部特征使你成为一个独一无二的人。灵魂的神秘统一体不能直接被认知过程所捕捉，但只有当它被分解以后再重新组合而成的部分意味着独特的个性。”①现在，让我们重新阅读这段话，将“场景”和“地点”替换为“个性”和“人”：并非某个特征而是全部特征构成了独特的场景。场景的神秘组合体并不能被认知过程直接捕捉，但只有当场景被分解为许多组成部分后，再重新组合在一起的部分，就意味着独特的场景。

三、《场景》一书的内容编排

《场景》一书一共八章内容，主要围绕“场景是什么”“场景在哪里以及如何产生”“场景如何测量”“场景如何影响经济增长”“场景如何影响人们择居行为”“场景如何影响政治选举与新社会运动”“如何把场景整合到公共政策中”“作为一门科学的场景研究”等主题依次展开。

第一章介绍了场景是什么以及它在哪里发生。作者以场景作为地点(Place)的美学视角，强调人们对特定活动的共同兴趣、特定地点的物理特征及美学意义。在明确了人们往往基于场景的打造来协调自身行为的前提下，场景的特点也呼之欲出。第一，嵌入的意义使场景成为可能，作者着重探讨了场景的多重意义；第二，美学直觉加上由欲望转化而来的活动以及相应舒适物，使我们能够更清楚地分辨不同的场景；第三，场景被描述得越明确，其影响力越大。首先，作者认为场景对经济创新提供了关键的刺激作用，因为美学和表现力可以创造全新的经济产业和工业类别；其次，由于舒适物的特征与人们对不同场景的喜好紧密相关，所以城市中居住的集中程度逐步由消费方式而非生产方式的集中程度来决定；再次，国家、城市、社区等不同层面的政治问题往往需要附加更多的文化意涵来进行诠释。

第二章明确了场景理论及其场景文化元素周期表。长期以来，社会科学领域对于事物的看法存在着方法论上的争议，比如整体与部分的关系、宏观与微观的过渡等。《场景》的作者试图对事物的整体与部分、宏观与微观等不同层次进行整合，将物理学的精密、人类的敏感、人文社会学科的经验融合在一起，形成了场景理论框架。借用化学中分子的构成模式和元素周期表的排列方式，提出了文化元素周期表的设想。他们认为，文化元素可以在不同的历史背景和地理环境下，以任何形式组合在一起，而这种文化元素之间的复

---

① SILVER D A, CLARK T N. Scenescapes: how qualities of place shape social life[M]. Chicago & London: The University of Chicago Press, 2016: 56-57.

合就是场景分析工具。为了阐释清楚作为多维度复杂体的场景，作者举出了芝加哥种族社区、波希米亚风格场景、多伦多海湾街(Bar Street)的闹市场景三种典型案例。每个场景都包含不同的文化价值观和体验，同时这些价值观与体验反过来通过各种舒适物设施的有效使用而得到促进。

第三章介绍了场景测量的方法与数据来源，明确了这种基于地方美学的情感体验、态度和价值观等主观文化意涵可以通过客观舒适物数据来测量。场景数据来源主要有两大类：邮政业务模式和城市黄页。这些数据以街区(类似于中国街道)为单位，能覆盖全国甚至全世界。作者通过这两个渠道，搜集了美国大约520种类型舒适物和加拿大超过1 800种舒适物，并穿插描绘许多典型的城市场景。比如，洛杉矶有许多汽车、儿童服装店，展现城市很强的个人主义和从小培养儿童成为明星的地方体验与价值观；相对于纽约和洛杉矶，芝加哥有较多的天主教堂、家庭餐厅、墓地、城市英雄雕像等，这些能唤起一种与家庭、社区、传统和睦邻紧密相关的传统主义文化价值。总之，作者通过舒适物设施与活动来实现对城市审美、生活方式和文化差异的捕捉。

第四章论证了场景作为一种新生产要素的论点，即场景是经济成败的关键。虽然大部分经济理论都强调土地、劳动力和资本的作用，但是这些要素本身无法从细节上给予解释：为什么增长会在某个地方发生而不是其他地方。比如，学者们都意识到了"人力资本"对城市增长的重要性，但很少人能够解释清楚，这些人才最先在哪里聚集以及如何聚集等。本章首先从概念和理论上回溯了从作为大自然物质馈赠的"土地"，到作为一个地方(locale)的具有文化特征的"场景"的认知变化过程；接着，作者阐述了场景变化如何带来经济增长的几个假设；最后，他们通过将场景测量与工作、工资、租金、人口、专利等经济数据相结合，验证了这些假设。当深入研究了场景特征和经济增长相关联的具体假设后，作者得出了比以往所有发现都更重要的一点，即场景是"新"的经典生产要素之一，但是直到今天仍然不被商业活动所重视，这是危险的。对于某些行业如农耕而言，土壤的质量事关成败；对于另外一些行业如软件公司而言，其所在地方的场景质量也一样是关键。

第五章重点讨论场景影响了人们的择居行为和居住模式。作者紧扣两个重要问题：第一是哪种类型场景会吸引哪一种类人群？第二是场景有可能超越强大的社会分裂(如种族、宗教等)重新融合不同人群？对于第一个问题,作者发现,场景和人口变化的关联中涵盖了很多种人群。比如,年轻人倾向于聚集在越轨性比较高的场景中,婴儿潮时期出生的人群比较喜欢聚集在自我表达和本土真实性混合的场景中,退休人员更倾向于自然舒适物和艺术性丰富的社区。场景与所有人相关,不仅是年轻人、受教育者和富人,而且也与中年人、老年人和非白人相关。针对第二个问题,作者认为,与艺术家群体创建一个独特的新阶级或同质化的消费群体的想法相反,艺术工作可以分布于许多不同的场景中。同样,他们质疑美国在"文化差异"方面"分裂"的程度。他们承认,社区当然有许多大的文化差异,比如,受过大学教育的白人在瑜伽工作室中的比例相对较高,在福音派教会中却很小;对于非白人的情况则刚好相反。但是我们也要看到,一些舒适物设施与活动组成的场景却能够弥合这些社会分裂。比如,流行文化(如快餐、流行音乐和运动)出现在许多有着不同民族组成的社区中。相同的现象也发生在武术俱乐部中,武术俱乐部可以靠近瑜伽工作室和福音教会,也可在种族隔离和受过高等教育的社区中,武术传统和文化的开放可以包容美国几乎所有的社会人群。

第六章阐述了场景是如何影响投票和激发新社会运动。近些年,随着全球范围内文化的崛起、城市复兴以及新政治文化传播,场景在政治上的重要性逐步凸显起来。场景可以作为社会动员的工具。作者将场景的政治效能赋值于"热议点"(Buzz)中,并举出多伦多的政治组织推动废弃修车厂改建为艺术和社区活动综合体的案例,佐证"热议点"已经借势渗透到地方政治的方方面面。作者随后基于全美邮政编码的对比,识别出新社会运动(NSM)活跃的场景与某些独特的社会环境高度相关——在人口稠密、租金低廉、非白人居民集聚及受过教育的居民社区中往往呈现都市化且富于自我表达的场景。在简·雅各布斯(Jane Jacobs)的抗议施压及艺术家们的密切关注之下,步行便利性也成为催生新社会运动的主要因素之一。

第七章主要讲述了如何把场景整合到公共政策里。作者探讨了场景的政策含义:第一,政策制定者当前会面临各种挑战,将场景作为一个关键维度去探索,将有利于主要城市问题的解决;第二,如何将这种基于地方文化风格的场景转化为特定的政策目标,成为公共政策分析的对象,这是对城市政策的一种有益的创新。规划部门和政策顾问们,如果他们愿意,可以像对待就业和收入一样,将场景分析纳入成本效益分析中。

第八章是对场景作为一门科学的总结。本章的主要目的是为构建场景科学的多种方式提供一个概述。作者以第二章和第三章为基础，更详细地总结了如何衡量场景关键概念，并概述了本书使用的主要分析程序，从理论到数据转化、舒适物编码、加权与评分、变量、建模与实证分析等。作者以实验粒子物理为例①来帮助读者理解：舒适物到场景转换过程。场景科学的目标是通过观察有多重意义的舒适物来检测地点的文化组成部分。场景分析通过观察我们能看到的事物，即舒适物，来推断我们不能直接看到的事物（如迷人、自我表达、领袖魅力等）。

一言以蔽之，作者通过场景概念把文化分析纳入到城市发展的议程中来，从而把地方美学与文化风格带入社会科学的研究殿堂。

四、《场景》一书的学术价值

关于影响地方发展的学说有很多，涉及城市经济学、人文地理学、城市社会学、城市政治学、文化研究、文化人类学、美学以及哲学等，但概括起来，大致有两种主要观点：传统的经济决定论和地理决定论。前者主要是指一个地方经济状况，如土地、资本、劳动力等，决定了发展，影响着人们的社会生活；后者是指该地方的地理位置是否便利、是否是交通要道、是否是港口等，影响了人们的生活，决定着发展。这两种观点都堪称经典，在我们的现实中都能找到很多的例子作为支撑。

但是，一个地方之所以能够保持长久的繁荣与发展并不能简单地归结为经济或地理因素决定论，其中，文化也扮演着重要作用，甚至是决定性作用。韦伯曾在《新教伦理与资本主义精神》一书中做了开创性论述。时至今天，随着后工业社会和知识经济时代来临，文化力量的崛起成为一个不争的事实。

《场景》从地方美学与文化风格入手，采用大量数据与比较分析（这种是韦伯分析中所欠缺的），来诠释这种文化驱动力对发展与现代社会生活的影响。另外，如果忽略了文化作用，对那些地理位置不好、经济要素不丰富的地区，似乎只能陷入发展的“宿命论”。作者并不赞成这种消极的发展观，而他们更相信人的主观能动性。

---

① 其他的比喻当然也是可以的，比如将场景和近期的心理学成果“五大性格特质”及它们在社区内和社区间的空间分布，通过研究建立在詹姆斯·赫克曼（James Heckman，2011）对“五大”方法论的批判上，我们改进了一些测量上的问题。

实际上，用场景来分析地方文化风格，并找到了这种地方文化特点与发展、与社会生活之间的因果关联，这在城市研究与文化研究领域均具有里程碑的意义。更重要的是，作者采用了跨国的大数据进行佐证，这一点难能可贵。

(一) 研究体系和方法上的创新

场景理论的研究体系是建立在主观认识和客观结构两大体系上。客观结构由被研究区域中的舒适物设施与活动构成。通常，我们将拥有大量舒适物设施与活动的地方称为商业区，拥有大量工厂的地方称为工业区。场景理论中客观结构的概念类似于此，不过更为细化。比如咖啡馆、书店、画廊、影院、便利店以及各种特色餐馆等舒适物的组合。主观认识体系是指场景的3个主维度和15个次维度。其中，主维度分别是“真实性”“合法性”和“戏剧性”。真实性是对社会个体身份内涵和意义的鉴别，即对“真”的认识。合法性体现了人们为某些社会存在所进行的对错的判断，即对“善”的认识。戏剧性设计人们看待别人以及被人看待的方式，即对“美”的认识。

除了研究体系构建的新颖，研究方法也有很大的创新性。许多科学研究依赖于高度专业化的设备来检测间接的证据，从而支持或驳斥一个理论，场景理论也是一样。作者试图揭示的地方文化风格并没有特定的形态，非常抽象，有时候还会转瞬即逝。要捕捉这些东西本身就是一件非常困难的事情。对场景分析来说，一个主要的方法论挑战是找到方法将间接指标，即舒适物，转化成场景的衡量尺度。继续用物理作比喻，正如研究者使用多种检测仪器观测粒子的性质(如轨道和电荷)，作者也创造了一些度量方法来共同观测场景的特性(如越轨和传统主义等)。如同研究者们反复进行同一个碰撞试验以统计检验粒子混合物中无法观测到的粒子存在可能性一样，作者用了上万个关于街区地点的数据来统计检验观察到的舒适物所代表的特定场景存在的可能性。

正如粒子物理有标准模型理论一样，他们创造了一个场景的“标准模型”。这个模型描述的场景组成单位，称之为维度。它允许我们将场景理论化，将其与更传统的社会科学变量相关联，例如收入或者教育。

(二) 对城市文化分析的先锋导向意义

传统社会科学中，对文化的分析很多版本，往往都会摇摆在极端的普遍主义和特殊主义之间。从普遍主义一端来看，文化意味着单一化、总体化的限定，比如规定了人类和文明，包括东方文明、西方文明等。这种文化分析方式，在某种意义上切断了对分析单位内部的变化与多样性。从特殊主义另一端来看，许多文化分析又会过度强调“地方文化”，呈现出单一的“雪花状”特点，过分强调自己的“独一无二”又会造成整个文化分析缺乏“共语”，最后的文化分析与研究却变成了学者们“自我娱乐”的工具。

以上两种极端的社会科学分析方法，都不是研究文化最恰当的方式。而场景作为一个强有力的概念工具，可以去辨识不同地方内部和外部呈现的具有美学意义的范围和结构，从而去发掘文化生活的聚集。它将研究的聚焦点很好地从与其他文化封闭和隔绝的共同价值和生活方式，转向一种相互的、松散却绑定的、排列灵活的当地价值。它创造性地将文化和美学融入社会学的理论范式中。

与此同时，场景还把抽象的、模糊的文化进行了合理操作化，把文化从哲学、文学、宗教、伦理学、人类学等研究范畴，拉入社会科学实证性研究议程。

事实上，我们都知道文化（包括艺术）的重要性，但如果仅停留着这种“是否重要”的道德说教上，还远远不够。接下来当务之急的就是，如何把它进行科学可操作化，变成能够让人去触摸、去体验、去测量、去验证的东西？只有这样，文化才能真正为我们城市政策服务，为相关从业者服务，为广大民众服务。

（三）对消费理论与城市发展研究的推进作用

以生产为基础的传统社会理论，往往把个体行动目标定位于经济诉求上，或者说劳动、工资、就业和区域经济表现是个体区位选择的决定性因素，个体为了获得更高的收入和经济待遇，往往会向企业或工厂密集的地方聚集，从而形成了“工业园区”，而社会纽带是通过协调基于生产方式结成的不同群体的利益而形成。相反，场景理论以消费为基础，把个体行动目标锁定在文化价值观诉求方面。事实也如此。当今世界正走向后工业社会，文化的力量正在不断增长；旧有的社会理论正受到文化价值观因素的挑战。

如果说研究者把生活必需品的组织形态演变成有意义的社会形式，如邻里或社区，把劳动的组织形态看作是更大社会形式的生产输出，如工厂、企业、工业园以及阶级等，那么，新芝加哥学派的目的是，用场景来把消费组织成有意义的社会形式。这种社会形式必须由专门的语法结构和学术词汇来表示。就如马克思对生产的研究一样，他不仅仅把生产看作生产实物，而且把其当作生产方式的社会组织来考察。异曲同工，新芝加哥学派不仅把消费当作消费活动本身去研究，而且着重研究消费的社会组织形态。

五、对城市发展的实践意义

对于城市发展来说，场景理论带给我们的实践启示至少包括以下五个方面。

第一，有助于培育城市发展内生动力。在知识经济时代下，创新是城市发展的根本动力，而创新是靠创新创意人才推动。场景理论强调，不同舒适物设施与活动集合形成场景中蕴含的价值观与生活方式，对诸如创新创意等优秀人力资本有很强的吸引和聚集作用。从而，借助于场景这个中介变量，建立了创新创意阶层与城市发展的因果关联，勾勒出了知识经济时代下的城市发展内生动力来源。

第二，有助于理解拉动城市文化消费机理。消费是一种人类行为，场景对于消费行为有着独特的刺激和引导作用。充满文化意义的消费空间本身就是一个场景，提供的不仅是作为工作与生活的空间，而且还包括个体自我与相互之间充满愉悦的体验空间。

第三，有助于打造创意城市的环境氛围。创意环境是一个场所在“硬件”和“软件”构建的综合，是能够催生构思与发明的先决条件。纽约苏荷社区、加利福尼亚硅谷、芝加哥柳条公园、北京 798 艺术社区与中关村创业大街、上海田子坊创意社区等。这里都提供了典型的“创意环境”，包括丰富的建筑空间、道路驿站、艺术机构、便利设施、文化设施等硬件，也吸引了创新创意人才、交流平台、运营者、游客等文化氛围。场景为分析与塑造这些创意环境提供了一种框架。

第四，有助于引导城市公众行为。公众行为本身就是场景的一个重要构成元素，反过来，场景对公众行为也起着导引作用。无论你在哪里或如何打发时间或与人沟通，不同城市场所所具有的场景对于固化在个体中的对错观念、真假认同与归属等都有着较强的影响。场景理论中的戏剧性、真实性和合法性均为构建特定的场景引导适宜的个体行为提供了指引。

第五，有助于做到舒适物与美好生活需求的精准匹配。这一点在城市规划中往往比较重要，舒适物设施与活动的布局与人们美好生活需求密切相关。对于这些设施与活动的规划与建设，现实中部分城市往往是比较凌乱，在协调性和本地性上很难做到一个平衡，因为现有的研究中并没有给出不同类型舒适物的文化意涵与关联指标之间的关系。场景刚好弥补了这方面缺憾，它给了每一种舒适物在文化上的意义，为匹配人们的美好生活需求提供科学依据。

六、理论的局限与开展中国场景研究的几点思考

《场景》一书的作者们受到传统的西方社会学经典理论的熏陶，并长期生活在资本主义社会制度里，他们往往对于北美、欧洲等国家的城市发展问题具有强烈的共鸣。该书以大量篇幅详细讲述了芝加哥、多伦多两座城市的典型案例，除了提到海外中国武馆之外，并未更多地涉及中国城市的具体案例或是具有中国传统文化特征的场景元素。

原因是多方面的，除了篇幅有限、社会背景不同、城市发展阶段不同步等客观因素之外，中国城市发展文化土壤的缺位成为场景理论落地生根和普适化运用的最大局限。这方面的不足，克拉克教授也曾指出，《场景》一书列出的 15 种场景维度是开放式的，可以根据在地文化进行增删或重组。因此，场景理论中国本土化的过程中，当务之急是应该提炼出符合我国文化理念、凸显在地城市精神、符合民众心理预期的场景维度。这是摆着场景研究者们面前的难题。

为了克服这个难题，中国场景研究接下来应该做好“三步走”工作。

第一，“摸清家底”，弄清楚中国城市舒适物与场景有哪些具体类型。由于欧美发达国家的城市化进程与中国城市化进程存在着较大差异，在这种情况下，如果把一个基于后工业化的城市理论引入到中国，在这个过程中，会遇到诸多的挑战或不适应。那么，更急迫的事情是，对我们中国自己城市舒适物与场景类型进行排查与摸底工作。我们可以田野调查、民族志、口述史、个案研究等方式把这些记录下来，然后再用定量或定性的方式去分析与排列他们，从而对我们自己城市中那些细微的、显著的、特色的场景，做到胸有成竹。

第二，“比较视野”，中国场景研究需要不同城市与不同场景的比较维度。

比较研究对于场景尤为重要。因为单单只说一个场景，它涉及经济、艺术、政治等众多元素，我们很难明确地讲清楚它们对城市的这种驱动力。只有通过场景与场景之间的比较，或者不同区域内的同一场景的比较，抑或一个区域内的不同场景比较，才能把场景对于发展驱动的作用和对于社会生活的塑造讲明白。

第三，"国际对话"，中国场景研究需要跨国、跨地区的对话。国家间、地区间的场景比较，更有利于推动场景运用的普适化价值。同时，这有利于促进将中国城市最真实、最前沿的城市建设与理论展现在世界面前，从而在城市研究和文化研究领域获得更多的国际尊重和地位。

参考文献

[1] 特里·克拉克.场景理论的概念与分析：多国研究对中国的启示[J].李鹭，译.东岳论丛，2017(1)：16-24.

[2] 丹尼尔·西尔，特里·克拉克.回归土地，落入场景——场景如何促进经济发展[J].马秀莲，译.东岳论丛，2017，38(7)：47-60.

[3] 吴志明，马秀莲，吴军.文化增长机器：后工业城市与社区发展路径探索[J].东岳论丛，2017，38(7)：61-71.

[4] 吴军.场景理论：利用文化因素推动城市发展研究的新视角[J].湖南社会科学，2017(2)：175-182.

[5] 吴军.城市社会学研究前沿：场景理论述评[J].社会学评论，2014，2(2)：90-95.

[6] 吴军，特里·克拉克.场景理论与城市公共政策——芝加哥学派城市研究最新动态[J].社会科学战线，2014(1)：205-212.

[7] 王宁.地方消费主义、城市舒适物与产业结构优化——从消费社会学视角看产业转型升级[J].社会学研究，2014，29(4)：24-48.

[8] 马凌.城市舒适物视角下的城市发展：一个新的研究范式和政策框架[J].山东社会科学，2015(2)：13-20.

[9] SILVER D A, CLARK T N. Scenescapes: how qualities of place shape social life[M]. Chicago & London: The University of Chicago Press, 2016.

[10] JANG W, CLARK T N, BYUN M. Scenes dynamics in global cities: Seoul[M]. Tokyo and Chicago: Seoul Development Institute, 2011.

[11] CLARK T N. The city as an entertainment machine[M]. Lanham: Rowman & Littlefield Publishers, 2010.

工作坊

城市更新与多元治理

本文根据2018年11月16日举办的“城市更新与多元治理”工作坊录音整理而成。此次工作坊在南昌路历史文化街区举办，由同济大学社会学系主任、环复—南昌路跨界自治会会长朱伟珏教授策划并主持，与会者包括法国著名社会学家劳伦斯·罗兰-伯格教授、同济大学社会学系全体教师以及瑞金二路街道办事处吴以仑副主任。工作坊旨在聚焦城市发展问题，各方共同探讨了城市更新和多元治理的诸多挑战和可能性。

朱伟珏教授：罗兰教授在今年接受同济大学社会学系的邀请来上海访问，她十月份就到上海了，已经待了一个月。期间因为我去日本学术访问，她也去北京见了些老朋友。此次工作坊有两个环节——发言环节和讨论环节。我想我们不仅可以交流各自最新的研究进展，还可以进行深入的讨论。罗兰教授特意为这次工作坊做了充分准备，提前做了PPT。她说这次的演讲主题对她来说也比较新。她通过研究一些跟情感有关的社会现象，思考移民和暴力问题。我觉得很有趣。

我们今天安排了三个发言，第一个发言由罗兰教授来讲她的最新研究成果，第二位发言人是社会学系的张俊老师，他做里弄研究比较多。我很想让罗兰教授了解我们系的老师在思考什么，以及研究已经做到什么程度了。同时请罗兰教授从法国的视角点评一下。法国是一个非常重视理论的国家，希望罗兰教授可以从理论的角度给出一些建议。还有一位发言人是同济大学社会学系的陈晋老师。陈晋老师和罗兰教授很熟，他之前曾留学法国，他们有很多交流。但是对于陈老师的研究，罗兰教授或许并没有系统地了解过，所以今天是一个加深了解的机会。每次开会，我都希望我们系的老师可以做一些发言，让其他国家的学者了解中国社会学的整体水平。大约半个月前，我也和社会学系的同事们在这里(南昌路)举办了一个国际学术工作坊。我希望形成一种双向的学术交流,而不是单向的输出或者接收。这样有利于各国学者之间的相互理解,有利于了解各自不同的学术关注点,以及研究视角的相同和不同之处,互相学习、互相补充。罗兰教授的建议肯定对我们有莫大的帮助。

我最近经常把我的工作地点放在南昌路。一方面,是因为"南昌路"是我现在研究的重心,罗兰教授也知道,我已经和她来这里调研过两次了;另一方面,我想离开很"硬"的学术场所,让学术跟实践相结合。我希望先从空间开始改变。

城市与情绪：暴力、恐惧与团结

罗兰[①]**教授：**大家好，我非常高兴来到同济大学，感谢朱伟珏教授请我来讲座。这次，作为同济大学的访问学者，我非常高兴和荣幸今天来为你们介绍城市社会学理论的部分。我们一起合作了很长时间，差不多三四年，我们讨论了很多不同的理论问题。虽然我跟朱伟珏教授、陈晋老师一起讨论了很多的社会学问题，但是我们三个人很想和其他人一起提出一个中法或者中欧又或者中国—日本—欧洲的城市社会学议题。

我想你们都知道我的学术经历有四个不同的方向，我是理论社会学家，也研究城市社会学、经济社会学和移民社会学。结合不同的社会学领域，这对我来说非常重要。朱伟珏教授请我来同济大学，我很想提出一个新的项目，而且今年我已经在做一个项目。所以我思考怎么带来新的理论贡献。我们法国最近在思考情感社会学。情感社会学是什么？它是从美国来的，在法国我们也有自己的想法。因为我们在法国讨论了很多关于暴力、恐惧、团结等主题，我想再思考思考，用情感社会学来看一看我自己研究的题目。

首先，我要来解释一下为什么我要做这方面的工作，我觉得作为理论的架构来说，城市社会学当中不仅仅包括了不平等、歧视、害怕，应该包括城市研究的各个维度，也应该避免只研究一些很悲惨的境遇。城市社会学的研究还是应该包括城市的各个方面，所以说我特别选择了城市和情感这个维度。因为我觉得情感这个问题不仅仅是心理学家研究的主要话题，也应该是社会学家、人类学家研究的一个主题。目前来说，在法国，主要的研究还仅仅是关注于情感和工作，除了我之外还没有人关注到情感和城市之间的关系，所以我就想利用这个新的部分来进行研究。

今天我主要来给大家讲一讲法国的城市等欧洲城市，虽然我也研究中国

---

① 劳伦斯·罗兰-伯格，法国国家科研中心社会学研究员、里昂高等师范学院教授。

的城市，而且已经差不多十六年了。大家都应该知道，法国的城市或者欧洲的城市经历过很多的不平等。在这些城市当中，也有一些人是被民族所遗忘或者抛弃的。包括大家可以在PPT中看到的，在这个城市当中有很多的失范区域，是因为这些经济、文化、社会的断裂而造成的这种社会的歧视、自我抛弃、孤独甚至于沉默。这些公共空间的滥用，一部分是来自这种社会的污名化，它所表达出来的主要是因为不遵守那些互相认同的、隐性的社会规则，从而导致了各种社会冲突，比如说对于权力的剥夺、对于主体间互相承认的能力和个人力的剥夺。

今天从城市的不平等说起，再逐步转向城市的美丽，这是我整个的逻辑推理过程。当然我们首先还是要讲到城市的不平等，包括这些弱势群体是怎样被整个社会所排斥的。这些弱势群体很痛苦，他们反对、反抗，但不是暴力，二者是不一样的概念，这个很重要。真正的暴力分三种：一种是制度化的，一种是经济的，一种是象征性的。首先讲制度的暴力，它主要有以下几个方面：第一个是国家，第二个是政府（包括地方政府），第三个是劳动力市场，第四个是公民。这四种形式在制度方面产生了制度性的暴力。以不同形式产生的不同暴力针对的是不同的人群，特别是那些文化程度比较低或者说没有一技之长的人群，尤其是那些移民或者是第二代移民。

我本人三十年的学术生涯一直在观察欧洲的城市，也在观察中国的城市。可以说整个暴力产生的过程或者方式是不一样的，而且是极其复杂的。可是我有一个问题，我觉得很重要。如何区分不同的层次？你看有帝国、国家、劳动力市场，也有公民，他们用什么资源？如何提出一些暴力的模式？可是我现在不知道怎么办。

比如说在法国，有很多社会学家在贫穷的社区做了很多研究，我也做过。他们一直强调，当然我没有，是其他的学者，他们一直强调公民的暴力。可是公民的暴力从哪个地方来？这是一个很复杂的问题。有不同的暴力的层次，所以我们需要区分。首先区分不同的暴力层次以后，我们再来理解不同暴力之间的关系。我说的是西方的城市，我在法国的城市做了很多研究。可是我们知道在西班牙巴塞罗那、意大利米兰、法国里昂和巴黎，一直都有这样的问题。因为我做的很多研究存在差不多一样的现象，虽然今天讲的是理论社会学，可是后面可以有很多很多的研究。但是东欧、北欧的情况我不清楚，我主要研究西欧的一些城市。

刚刚我们说有不同种类来源的暴力，所以在城市空间内就产生了不同形式的暴力。城市公共空间的滥用推动了社会污名化(social stigmatization)和社会冲突(social conflicts)，针对这种情况，英文通常用 exclusion(排斥)这个词，法国的社会学家不太喜欢用这个词，因为我们觉得这个词所代表的"排斥"是一种静止的状态。

图 1 是在里昂郊区的一个工人或者工人二代的聚集区。对于很多研究城市不平等的社会学家来说，这是个非常象征性的地方。我本人从 20 世纪 80 年代开始在那边进行实地考察。那儿主要居住这样一些人：他们是法国人，是来自非洲的移民或者移民的二代。他们在这个地方发生过很多次反抗或者是骚乱，因为他们感觉受到了歧视。有一些数据，在这个地方差不多 40%北非裔的青年是工人子弟，23%的人生活在城市的敏感区域。相比法国本土的青年来说，他们要花上多 3 倍的时间才能找到一份工作，在他们的职业生涯中，也比法国本土的青年经历多 3 倍的失业几率。所以说他们会自己感觉到"我们是受到不平等待遇的"，在情感上面他们绝对说是不公的，所以才会发生这么多的骚乱。

图 1　里昂郊区

(图片来源：演讲 PPT)

我们现在做社会学非常非常难。在这些贫穷社区做研究，他们不需要社会学家，所以很难，这是个很棘手的问题。

我做过一个田野调查。对象是一个穆斯林妇女，非常贫穷，有三个孩子，且已离婚。她住在一个快要被拆除的大楼里面，只有她独自一个人。所以在这种情景下她就产生了一种非常大的恐惧。我跟她有很多次的交谈，发现她虽然没有一技之长，但其实非常有智慧。我就想通过这个调查来研究在社会的建构当中，那些被社会所排斥、不被社会所看见的人群，他们的恐惧是怎样产生的。

通过上例可以发现，冲突的局面往往是由于人们的怀疑所产生的，而且这种怀疑是双向的。这些被社会所歧视的受害者，他们会怀疑是这些机构的行动者想要让他们消失，想要让他们不被社会所看见。在另一方面，这个机构的行动者们对这些人群也很怀疑、害怕，因为大家都知道法国深受恐怖主义袭击之害，所以他们特别怀疑，尤其是这些人群当中的年轻人。因此，这样互相之间的不理解和怀疑才是产生这种社会状况的很大原因。

这样的不理解或者怀疑其实是暴力的一个根源所在。法国有一部电影，里面一个细节就是在地铁里面所有的妇女都戴着面纱，片子的名字就是《请不要这样看待我》。我们会发现互相之间的不理解、不信任最后产生的结果就是这些被社会所抛弃的人会出现一些反抗。他们所做的其实是出于无奈，比如说去烧他们家附近的商店，包括为他们服务的社区中心。

我们发现如今城市的暴力表明政治体制越来越偏离和独立于它合法性的民主来源。从理论上讲，其实这个问题不仅仅局限于法国，也包括整个欧洲或者世界。所以说社会学家提出的这个理论直译出来叫作“愤怒的弟弟”，就是这样一个理论促使我们更加去反思整个城市的行动者他们共存的视角。

具体到“歧视”和“怀疑”。如今当我们在研究欧洲城市和法国城市时不可能不提到宗教，特别是穆斯林。有两位学者证明了法国今天是如何捏造穆斯林问题的，或者说穆斯林的恐惧是如何导致了污名性的话语、歧视性的做法和身体上的侵犯。那现在这些被排斥于社会公共空间之外的外国第二代移民主要忍受三种形式的种族主义：政治的、文化的和机构的。

举个例子，那是一个里昂地区工作介绍所的临时负责人，他所表现出来的是作为劳动力市场的一个行动者。他们歧视这些来自某些社会阶层或者社会区域的人，特别是年轻人。当我们讲到这种歧视和怀疑的时候，经常会讲到一些戴面纱的伊斯兰妇女，或者说信仰伊斯兰教的第二代移民找不到工作。但其实非常重要的一点是，我们必须要区分普通的伊斯兰和极端伊斯兰，因为伊斯兰教里有不同的派别和不同的信仰。作为普通的伊斯兰教，他其实也是社会进步的参与者，或者说是政治民主进程的参与者之一。

我们现在换到经济的话题。在公共空间当中，除了这些害怕和怀疑，还有团结。这个团结就是为了解决害怕、暴力这些问题的。说到民主参与，可是民主参与也是很不平等的，在法国我们关于这个问题做了很多的思考。当我们谈到团结的时候，不得不追溯到涂尔干。涂尔干提到的是有机团结，事实上如今的确还存在着这个有机团结，但不是那么简单的。

"团结"这个概念在法国已经由来已久了，可以追溯到很久前，因为和慈善有关，也和共和制历史有关。在今天新的背景之下，又有了新形式的团结。它主要是针对新出现的经济危机、人道危机、生产危机以及对于恐怖主义的恐惧，这都是一些新产生的背景。今天我们可以说这种团结是一种碎片化的团结。

这是指这种团结是多样化的。具体来说就是它可以是不同的空间和时间上出现的，而且在不同的团结之间也会产生紧张感和张力。比如说工人的社团和中产阶级的社团，或者说不同种族之间的社团，它们之间互相都会产生矛盾和冲突。其实对于团结这个问题，法国社会学家已经搁置差不多十五到二十年了。但是我本人和其他几位社会学家又重新来思考这个问题了，因为我们觉得在这个新的环境下出现了新的不同类型的团结形式。不仅是在法国，其实中国也有，政府层面上更多的是"民主参与"的概念。

图 2 是很新的一张照片。在一个工人的街区，有一个房车。房车开到一个挨着一个的工人社区，有一些志愿者，也有一些社工在这些社区。他们和这些受歧视、受排斥的人交谈，想要听他们的心声。这非常非常重要，你看左边。这不是暴力的，而是民主的群体。

图 2　工人街区的房车

（图片来源：演讲 PPT）

刚才给大家展示了两张照片,这又是另外一种形式的团结。它是一种非暴力的、民主的反抗的团结。特别是在2016年,因为政府出台了一些与劳动法有关的新条例,但是这些条例引起了民众的强烈反对,所以在法国各个城市的公共空间中他们就自发地组织起来了。其实这些人并不仅仅是工会的,还有很多的学者、艺术家,他们都加入到这个活动当中来,他们要一起共同思考怎样建立一个平等的城市。这个活动差不多持续了有两个月之久,在这个过程中,不同的人参与进去,他们产生了很多的交流。它反映出来的也是法国历史,包括法国共和思想的传承。

刚才我们讲的是移民或者移民二代,那现在还有一个在都市当中,特别是欧洲都市当中非常重要的问题就是难民的问题。可能在中国大家感受不到,但法国或者欧洲成了这一人道主义危机的中心。每天有大量的来自叙利亚、伊拉克、阿富汗,包括非洲的刚果、利比亚的难民穿过地中海来到欧洲,他们在本国尤其是利比亚遭受了非常大的苦难。他们来到欧洲,产生了道德危机,在欧洲的大多数城市都产生了,不只是法国,英国、德国有,西班牙、意大利也有。

因为这些难民遭受了太多的苦难、危险甚至焦虑,所以当他们逃难到欧洲的时候,有这样一群人包括学者也包括普通人,自发地建立起一种更关注难民情感的机构。这并不是普通意义上的慈善机构,而是更多地想关注这些人的心理状况,给予他们尊重。因为他们觉得难民来到欧洲是一种道德上面的危机,所以说他们的工作是想要寻求一种公正,而且这种公正是一种全球性的公正。我想建构的是一种世界主义,虽然有新的不平等出现,但是我的理想是要产生一种新的世界主义。而且这种世界主义是一种次政治化(subpolitics 翻译有待斟酌)的世界主义。因为这些人来自各个国家。比如里昂有一个组织,那个组织里面集合了所有来自中东的难民。

图3是在里昂,大家可以发现所有的舞蹈者并不是专业的,她们来自里昂郊区的那些所谓的隔离地区。每两年就会组织这样一个活动,今年的主题是"和平",在里昂市中心表演。通过这个例子大家就会发现,一座城市的美观是成为美学和政治的关键。各种艺术家通过和居民共同创作,在城市中发挥它的社会功能。我本人也对此做了研究,并且已经有一部专著。所以我想说的是城市的美观不仅仅是美学方面,更重要的是情感方面的工作。

其实在两年前,考虑到恐怖袭击的原因曾经取消过这个舞蹈活动,但是

图 3　里昂舞者

(图片来源:演讲 PPT)

两年之后又重新把它提出来,是因为很多人特别是在这些被隔离的地区的人都愿意参与到这个活动中,因为他们觉得这是一种体现城市和谐的好方式。也就是说这些来自不同的社会和家庭文化的人的政治团结,可以使这个城市的叙事变得多样化。

一方面,我们可以看到在当今的欧洲城市有各种各样的不平等、恐惧、暴力和种族隔离,这些使得城市变得支离破碎;但另一方面,也有各种各样新的形式的动员、合作和团结。所以二者共同产生了一种新形势的、普通人民的平等的民主,也产生了整体性的公民互动。谢谢你们。

朱伟珏教授:在我们南昌路,老年人问题比较突出,怎么把美化环境跟团结、跟居民的幸福感相结合,是接下来要去思考的问题。

上海里弄风貌传承与居住满意度提升

张俊[①]副教授:这个题目实际上是我们社会学系和同济规划院做的项目的一些调查结果,我用这些结果做了一个研究。一般提到上海里弄都是讲风貌传承,但实际上在风貌传承之下有很多居民的居住问题,所以我把这两个问题联系起来讲。研究背景是上海快速拆迁,五年就可能拆掉1/3。里弄本身是上海1/3的居住形式,我们讲里弄、商品房、工人新村,但是21世纪以后里弄拆得很快。2017年上海市政府宣布要保护里弄,还要保留730万平方米的面积。在"保护优先"这样一个发展阶段,保留下来的里弄既要保护风貌,又要更新。那么如何在变化中保持里弄风貌的原真性,将成为一个迫切的问题。因为里弄的生活条件和上海的整体平均水平有很大差距,居民经常讲生活在21世纪的上海,居住条件却是上个世纪的。里弄的建筑时代久远、密度高,按原样保护肯定难以满足居民的需求。所以它是一个动态的、变化的过程。那么在变化的过程中,如何既满足居住的需求,又满足风貌保护的需求呢?这是我们的背景。我们同济社会学系和同济规划院在上海选择了一百条里弄、一千多名居民做了一些调查,有包括里弄问卷在内的各种问卷。

上海里弄风貌保护的讨论,其实还有很多。里弄在很长一段时期,都是上海基本的一个居住形式,在20世纪90年代初的时候,上海还有一半的人口居住在里弄中。2002年上海出台了《上海历史风貌保护区条例》,就是要保护这些历史建筑和这些街区。那么对于上海里弄风貌的研究实际上也是很久了,主要的里弄研究还是集中在几个方面。一个就是在土地制度的保护上面,我们在传统的土地制度下,里弄的开发程度是可以大大提升的,"拆旧建新"可以提高土地适用效率。而没有房产税的话,政府提高维护成本只有投入,没有收益,积极性不高。所以老里弄的维护还不如拆除,这是从土地制

① 张俊,同济大学社会学系副教授。

度来讲的。另一个从产权来讲，里弄的产权归属是非常复杂的，公有、私有很多，公有的保护和私有的保护又不太一样，所以有很多从里弄的产权来讨论的研究。还有就是里弄风貌的保护，我们有一些保护的规划和策略，但总的来说这些保护规划都是处于较弱的位置，而且缺乏积极的财政政策支持。具体的就有很多案例来讨论怎么保护里弄的风貌。

对已有的这些讨论我们做一个评述，主要探讨里弄保护的内在机制，就是为什么里弄会被拆掉？里弄为什么会破败？现在里弄要留下来，留下来要保护什么？留什么？传承什么但讨论得并不多。我们要保护里弄，到底要保护里弄的什么呢？什么才是里弄的原真性？是不是把我们的建筑保留下来，保护得很整齐就是把里弄保护下来了？因为 730 多万平方米的里弄建筑是非常大的一个量，我们要保护下来的话，如果说只恢复了里弄的外观和形象，而没有里弄本身的内在性格、风格，那么就会导致里弄风貌貌合神离。因为里弄的风貌肯定不只是在建筑上，而是在里弄的生活方式和日常美学、日常的关系中。

所以，探讨里弄风貌的保护实际上要弄清楚里弄的原真性到底是什么。那么莎伦·佐金在《裸城》里面讲，如果说我们城市要保护它的原真性，就是保护它的日常生活体验，保护落地生根的道德权属，由能够在某个空间的居住权力而积累起来的日常体验。因为城市是不断变化的，我们必须要在这种变化中来保护这种场景，这就是现在里弄的日常。我们经常看到就觉得："嗯，很不错。这就是里弄。"但是如果说从美学的角度来说，大家可能觉得这不是美学，这可能已经不是里弄，我们可能希望这是我们改造的对象。

所以我的核心目标是探究"什么才是里弄风貌的原真性"。我将从"风貌的内在冲突和张力"和"风貌的和谐统一"来谈，分三个层次：里弄的居家层面、社区层面和城市层面。里弄有外在的形象和内在的风格，真正的原真性，实际上是探讨它在居家层面、社区层面和城市层面三种风格上的统一。现在上海人均居住面积大约是 30 平方米，而且厨房、卫生间都已经是标准住宅。上海里弄的居住面积据我们调查是 10.81 平方米，也就是说里弄的人均居住面积只有上海的 1/3，而且独立的厨卫只占 30%，70%是没有独立厨卫的。作为曾经上海的主流居住方式，当时没有厨房、没有卫生间，人均居住面积很低是可以的。但是现在的参照对象已经是新上海的平均水平，在这样的参照水平下，如果我们还用原有的历史记忆来看待里弄，还要保持这样的风貌肯定是不太现实的。

里弄中的自发搭建、自发拓展是非常多的，但是这种自我拓展没有从精神层面上让居民感觉到里弄的归属感和自豪感。大概一看，这里的确是装修了，我们穿衣服都想穿得好一点，自己的家可能更希望好一点。但是把家搞得那么乱，而且门面都搞得那么乱的原因，并不是大家不爱美，而是在美和现实中的一个无奈的妥协。那么这个妥协实际上大大地抑制了对居民的精神层面，即所谓的归属感和自豪感。哪个人希望自己的家，走进去就是贫民区，很破败？但是居民的这种选择是基于实际情况的，所以在居家层面上，肯定是要重述与现代上海相符合的家的形象。那么居家的基础设施厨房、卫生间和现有上海家庭邻里交往的风貌，世代居住空间的塑造肯定是我们风貌塑造的一个基本的观点。在纵观层面，传统的里弄一直都是高密度的居住，这就促进了里弄的市民文化发展，但是今天的这种过高密度，加上我们生活方式、交通方式的变革，使里弄的公共空间的公共性受到了严重的侵蚀，让公共性的发展受到很大的影响，比如说自行车、助动车、私家车、乱搭乱建都在里弄中。

一张两个老头老太提着马桶走向远方的照片，在法国得了一个大奖。他们说这就是法国人认为的浪漫，因为七八十岁老年人了还颤颤巍巍提着马桶。这是过去，现在他们讲这个东西是自嘲、反讽。七八十岁的老头老太还这样去提马桶，肯定是和现有的生活不相符的。已经是这样一个时代了，我们还停留在过去，以这样的方式生活，这其实是一个反讽，是时代的反讽，时间和空间它们其实是相违背的。

所以要在有限的公共空间里面恢复里弄的公共空间，其实是很难的。所以我们要想办法保证里弄公共空间的有效使用和占用。如果要让居民退回已占有的公共空间，再压缩他们的居家空间，其实也是比较困难的。所以如果说我们只是从美学的角度，把空间搞得非常干净、整洁和有序，这不是里弄风貌的延续和保护。我们里弄的风貌不是说回到干净整洁，而应该是回到生活美学，就是符合我们日常的生活。有些家，你拍电视进去，一看这就不是家，这是拍电视的场景。日常生活的家是什么样？就是乱糟糟的，就是有很多日常生活的细节。那这样的细节，我们不应该把它切掉，这样的“切掉”，实际上是既没有生活也没有风貌，也和我们实际的情况相距甚远，而会生出另外的一些问题来。

那么在城市层面，作为里弄对城市的贡献有什么呢？从空间的格局和路网来说，只有里弄是密度多层、高密度的，那么它就是我们城市空间非常重要的肌理。而这个肌理从城市空间渗透到里弄空间，这种四通八达为里弄居民的混合和城市的交互提供了一个条件。如果说我们要保护里弄，不在于保护一栋楼，而是在于它这种成片的关系格局。如果里弄成为一个盆景和点缀，里弄的风貌和韵味就不存在了。因为里弄的风貌与韵味实际上是在于它整体的连片格局，而不在于它切割得很精致的一个关系。

从居家层面、社区层面和城市层面来看，居民的满意度和里弄的风貌是相关联的。里弄的风貌如果离开了居民的满意度和居民的日常居住，那么这个风貌也没有所谓的生命力。从我们调查来看，居民日常的满意度非常低。所以我们是要改善他们的基础设施，那么如何实现呢？因为现有的空间是非常有限的，如果说我们不增加空间，也不减少人的话，要来解决这样的问题，实际上是很有困难的。所以如果我们要保护里弄的内外统一，降低里弄的超负荷使用，延续里弄建筑的使用寿命，使里弄的生活和现在上海的生活相关联的话，就应该拓展新的空间来建公厕、浴室、厨房。不拓展空间，就里弄来保护里弄是很难完成的，在居家层面，这是第一个。

第二个就是里弄的公共空间，其实也是一样的。如果我们既不给钱，不给制度，也不给空间，里弄的保护是很难的。我们现有车辆的停放和儿童的玩耍空间不够，小店的衰落都是我们的公共空间不足所导致的。所以要提升弄堂公共空间，就要征收一些里弄周边的房屋来做儿童活动室、老年活动室、文化休闲中心，这是他们的日常生活需要和里弄风貌相配合的保护方法。现在里弄的保护很容易就是“猝死”。如果有火灾，或者其他的一些问题，里弄很可能一片全部给抹掉。因此里弄的保护应该是整体的、连片的保护。因为某一块被确定下来保护，而另一块没有被保护下来，居民之间的攀比又使里弄破坏得更快、更严重，所以要提前预期我们这片里弄都是要保护下来的，为居民做更好的预期，这是整体的。谢谢大家。

建筑与设计的人类学碎片

——民族志作为批评方法

陈晋[①]**副教授**：今天罗兰老师这个报告非常有价值，很丰富。我不想太耽误大家的时间，所以我就延续罗兰老师讲到的这个话题，展开一些讨论。今天罗兰老师、张俊老师还有我，讲的内容好像是一个漏斗形。因为罗兰老师讲的是City，比较宏观的东西，张老师讲到的是中间的一些社区、里弄，而我讲的最微观，就是一栋房子，建筑物本身。其实这是我的一篇文章，我跟一位建筑师合写的，发表在《时代建筑》上面。这篇文章对我来讲很有趣，因为我从来没有这样写过，是对话体的形式，我说一点，他说一点，但同时它也非常碎片化，fragmented。另一方面，我们都各自表达了不同的想法，所以它是一个critical dialogue，批判性的对话。今天我不讲太多细节，就讲其中一些我觉得可能好玩的东西。

我们讨论的对象是建筑，那建筑到底意味着什么？当然有很多很多定义，人类学也好，建筑学也好，或者社会学也好，有很多的讨论。一个观点是，建筑是一种"重写"，就像草稿纸一样，人们不断地书写，一次次地写。所以在整个讨论过程中，我们把建筑作为中介，就像介质一样，看它如何生成社会关系。所以有一种agency的东西在里面。说到案例本身，它有一个reinvention的过程，就是重新发明的过程。中国第一位女性职业建筑师叫张玉泉，这是她的代表作，一个很重要的象征。我对话的建筑师是西班牙毕业的，所以用了很多西班牙的元素来重新思考他观念中的历史建筑。

第二个关于建筑师本身的角色。我特别关心这个问题，因为想知道他们到底在做什么。我们之间发生过争吵，但我觉得建筑师身份的变化历史很有趣。特别是在学科的发展过程中，最早建筑师其实和气象学家是一样的，被

---

① 陈晋，同济大学社会学系副教授。

认为是可以传导神力的人，但到了罗马时期，他们成了“主要建造者”，后来又出现了更多专业建筑师，还有现在的明星建筑师。

我研究的主要内容是仪式。在田野里面，我看到很多类似的实践，例如安宅仪式。在安宅的过程里，巫师所做的东西，包括他的行为、目的，其实跟最早我们对建筑师的定义一样，是“神力的传导”。当然今天建筑师和巫师的角色不一样，我们知道有很多媒体，热衷于塑造明星建筑师，这一职业有明星化、流行化的趋势。

最后是关于设计。Design 当然与人类学有关，这两年讨论还比较多。我觉得 Tim Ingold 的研究很有意义，因为他把 building and design 看作是“迭代的”。在这个意义上，很难说 design 单纯是一种心智的 project，事实上它由很多实践的部分构成，这里面也有时间性的问题。我引用了 Latour 的一个说法——“反摄影枪”(anti-photographicgun)，就是说摄影师把动态的东西切成静态的画面，而我们对建筑或是对设计的理解应该反其道而行之，就是把现在我们看到的东西还原成它原有的 motion。我觉得这一点很重要。

刚才听完罗兰老师的报告，我一直在想社会科学能做的事情。我一直很希望能做的事情，就是对于建筑批评本身的批评。这是法国社会学家迪迪埃·法桑(Didier Fassin)提出的，他认为我们可以从不同的路径出发，批评现有的工作。有时是谱系学的路径，有时是社会研究的路径。在很多研究里，人们倾向把空间和时间当作是既定性的东西，不管是历史学还是空间科学都非常常见。但是社会科学者应该批评这样的预设。借着这个点，我觉得有很多的工作可以做。

学术讲演

都市的趣味空间

本篇为朱伟珏教授于2017年12月6日晚，在“城市与社会国际学术论坛·后空间社会学系列讲座　第二期”上的发言。

我下面的发言是关于内城区“绅士化”的，一个针对上海原法租界趣味空间的个案研究。首先简单看一下什么是趣味空间？“趣味”一词通常包含两层含义，一是使人感到愉快，能引起人们兴趣的特性；趣味的另外一层意思指爱好。因而我们可以认为趣味空间就是指使人感到愉悦，能引起人们兴趣或爱好的空间。此外，趣味有很多种类，我今天主要讲高雅趣味。

一、趣味的社会学——布迪厄文化理论

那么，从社会学的角度看，“趣味”究竟意味着什么？在哲学社会科学领域，“趣味”有许多种不同的解释。最早得到广泛认同的、对于趣味的理解来自康德。康德认为趣味是人类所具有的普遍美感。美的特点在于不涉及利害计较，因而不涉及欲念和概念。趣味意味着一种超越，是一个具有普遍价值的概念。

然而，近几十年来社会学对于趣味的理解发生了很大变化，其中最为著名的是法国社会学家布迪厄的趣味社会学。布迪厄的趣味社会学建立在对康德美学的批判之上。我曾经长期从事法国著名社会学家布迪厄文化社会学研究。布迪厄对于康德美学的反思主要见于他的代表作 *Bourdieu* 一书中。最近商务印书馆终于出版了 *Bourdieu* 的中译版。我建议大家抽时间读一下。*Bourdieu* 曾被国际社会学协会评为20世纪最有影响力的十部社会学著作之一。此书在国外的很多译本中被翻译成 Bourdieu，但商务印书馆的译本则把书名翻译成“区分”。在 *Bourdieu* 的导言部分，布迪厄就对康德的

美学进行了批判。他指出，趣味不是人类普遍具有的美感，而是由社会决定的。趣味同样具有阶级性。统治阶级、中间阶级和下层阶级各自拥有不同的趣味。下层阶级拥有大众趣味（不是低级趣味，低级趣味是另外一个概念）。统治阶级拥有合法趣味。合法趣味是布迪厄提出的一个概念，意指上层阶级的趣味受到社会的普遍认同，具有合法性。中产阶级的趣味被称作中间趣味。至此，美的判断就和社会阶级、社会结构联系了起来。

我们这里所讲的消费者指哪一群体呢？今天的消费者实际上是一个地位追求者。何谓地位追求者？当代的消费者主要指中产阶级。这个阶级为什么要消费？中产阶级向往的是上层社会的生活方式和品位，所以中产阶级追求的是一种合法趣味，而合法趣味，或者高雅趣味正是统治阶级的趣味。不过高雅趣味与合法趣味有所不同。我们已经了解合法趣味是统治阶级的趣味。合法趣味来自统治阶级并得到社会各个阶层的认可。布迪厄认为这是教育的结果。我们在学校所接受的美学教育，实际上正是上层阶级的趣味。学校向社会各阶层灌输上层阶级的趣味，通过教育的方式赋予了上层阶级趣味的合法性。另一方面，普通大众的趣味在学校教育中是得不到承认的。平民子弟进入学校以后，首先就要把贫民的一套生活习惯全部丢掉，这不是一张白纸，而是白纸以下的。先要把以前家庭传授的一套东西擦掉变成白纸，然后再接受我们所说的上层阶级的文化。所以各个阶层的孩子并不是在同一条起跑线上的。社会阶层不同，步入学校的起点便不同。

趣味方面的情况也同样如此。合法趣味如何获得？布迪厄认为有两种方式，一种是学校教育，另一种更为重要的途径来自家庭出身。这种来自家庭的熏陶，更多是身体性的，并成为一种惯习和癖好。学习得来的东西比较容易遗忘，对于布迪厄来讲，最难以改变的是身体化的东西，不假思索地就养成了一种习惯。学校教育很难做到这一点。所以，高雅趣味，尤其是先锋趣味本质上是上层阶级的生活方式，是一种宫廷式的、贵族式的高雅生活。在大学里你们可能也有这样的体会，有两名学生，一名学生学习成绩特别好；另一名学生可能成绩不是非常好，但是他很酷，很有品位，音乐也懂，艺术也懂，玩也会玩，显然你们也可以想想看，谁更有趣味？哪名同学更受欢迎？我想肯定是那个博学多识、对学习却不是很感兴趣的学生更受大家的欢迎。趣味也是一样的，在学校里学到的，大家都熟悉的、一般化的趣味不能成为高雅的趣味。

高雅趣味主要不是通过正规的教育途径获得的。举个例子,我们都知道施特劳斯圆舞曲,我们中国人都觉得这首舞曲非常优美。但在法国,施特劳斯圆舞曲并不被认为是高雅音乐。原因是施特劳斯圆舞曲被收入了学校的音乐教材。因为课堂上的东西,尤其是与趣味有关的东西,是无法成为一种高雅趣味的。

在后面讨论南昌路案例时,我将会使用"先锋趣味"的概念,先锋趣味是一种尤其和个人的社会出身有关的趣味。高雅趣味有很多不同的层次,比方说一些已经被广泛认同,或者受到占据统治地位的中老年精英阶层喜爱的趣味,不一定受到较年轻文化精英的青睐。通常情况下,都市文化精英的趣味是引领时代潮流的。我举个例子,日本东京的涩谷是时尚流行的发源地之一。而且,涩谷引领的潮流不仅仅局限于日本,是世界性的。因为日本的动漫文化世界领先,所以引领了全世界年轻人的潮流。涩谷的时尚潮流是如何形成的呢?日本的设计师做市场调研时主要针对的对象是高中生。因为在动漫形象等方面,高中生走在时代最前面,他们的感性是最好的。当然,南昌路和涩谷不同,南昌路的时尚主要受世界时尚潮流的影响,缺乏原创性。在全球时尚体系中,目前南昌路仍然处于追随者的地位。但尽管如此,南昌路仍然是一个具有高雅趣味的时尚和消费空间。那里的商品可能不是最贵的,却是最新潮和最前沿的。

那么,谁是这些先锋趣味的引领者呢?布迪厄认为先锋趣味的生产者主要是新兴上层阶级。这正是布迪厄厉害的地方。马克思把社会分为资产阶级、无产阶级和中产阶级三大阶级,而布迪厄则更为细腻,不仅认为存在上层阶级、中间阶级和大众阶级,而且在同一个阶级内部还细分出不同的阶层。在同一阶级内部,可以根据不同群体不同的社会轨迹,划分出上升、零上升和下降三个不同阶层。比如同样是上层阶级,有一些行业群体处于上升阶段,另一些处于中间的零上升阶段,还有一部分则处于下降的衰败期。目前我们社会中向上流动的统治阶层应该是IT行业、文化产业的经营者。而零售业一直在衰退。零售业的经营者一直在往下走。另外,比如说银行业,我对金融业不太了解,不知道目前处于什么样的水平,假设金融业处于零上升的位置。这样,上层阶级就可以被划分成向上、中间和向下三个不同阶层。

新兴上层阶级是处于上升轨迹中的各类社会精英,他们引领了一些正处于上升时期的新兴行业。新兴上层阶级还有另外一个重要特征,就是其成员拥有丰厚的文化资本。大家都知道互联网企业家大都接受过高等教育。但是,传统企业家群体并非都具有丰厚的文化资本,有些可能只有小学学历。这些企业家当然也属于上层阶级成员。引领先锋趣味的正是那些接受过良好教育,具有丰富文化资本的新兴上层阶级的成员,其中很多人经济资本较低,但文化资本较高。

问题是,新兴上层阶级作为时尚生产者,引入或部分创造了先锋趣味,而这些先锋趣味是需要有人传播的。时尚传播的主力军主要是新兴中产阶级。根据布迪厄的研究,在中产阶级内部同样存在上升、零上升和下降三个阶层。尽管资本总量不同,但新兴中产阶级在资本的构成方面和新兴上层阶级非常相近,学历都比较高。他们对新兴上层阶级的先锋趣味十分认可,主动协助其传播并促使其流行。在新兴中产阶级的积极认同和大力传播下,先锋趣味获得了合法地位。

事实上,先锋趣味刚被创造出来的时候,并未受到上层阶级,尤其是上层阶级中占统治地位的权威的认可。但在新兴中产阶级的积极配合与传播下,先锋趣味逐渐流行起来,最终成为得到广泛认同的合法趣味。而当先锋趣味成为合法趣味的时候,先锋们又去追逐新的先锋趣味了,这大概就是一个循环的过程。布迪厄指出,新兴中产阶级“作为一个传送带,把自己有意与之区别的那些阶层拖入到消费和竞争中来”。

以上简单介绍了布迪厄的趣味理论。那么,我本人是如何理解趣味和趣味空间的呢?我对趣味的理解大致可分成两个方面。

第一个方面和布迪厄一样,认为趣味是由社会所决定的。高雅趣味就是上层阶级的品位和生活方式。而且,高雅趣味同时具有合法性,因为它是经由学校教育肯定并加以灌输的。高雅趣味是我们共同追逐的目标,即使你不追求高雅趣味(合法趣味),但你同样认同其合法地位。我们都清楚趣味有高雅和低俗之区分,这样的鉴别力是通过学校教育获得的,和趣味本身的内容无关,高雅趣味的内容是恣意的。通过趣味的区分,我们区分了别人也为别人所区分。

第二个方面则和布迪厄有所不同。虽然我并不认同趣味具有超越性,是一种与生俱来的天赋美感的康德的观点。但是,趣味并不仅仅起到一种社会区隔的作用,它同时还具备其他一些社会功能。趣味对自我认同和集体认同的构建都具有重要的意义。此外,趣味还具有抵御现代性负面影响的社会功能。趣味解构了现代的线性时间观。由于时间有限,我对作为趣味空间的南昌路的考察主要分成三个不同方面展开:①作为时尚空间的南昌路;②作为怀旧空间的南昌路;③作为闲暇空间的南昌路。下面主要探讨一下作为时尚空间的南昌路,另外两个视角将留待以后的机会展示。

二、作为一个趣味空间的南昌路

在正式进入案例研究之前,先简单说明一下我为什么会关注南昌路的趣味空间。我对南昌路的正式研究至少已经持续了四五年。不过,此前我很少关注作为趣味空间的南昌路。我不太认同在这样的居住场所内嵌入一些"绅士化"空间。理由是南昌路居民的居住空间和沿街的趣味空间是完全割裂的,这样的空间在精神上是分裂的。借用日本学者的说法,就是将一个本已衰败的街区,用很浓厚的妆容进行粉饰,成为一个貌似高尚化的街区,外面的高雅趣味空间和生活在里面的老百姓基本没有什么联系。不过,既然这样的现象或事实真实存在着,社会学就同样不应忽视。

图 1　南昌路概貌

(图片来源:百度地图)

下面看一下南昌路。南昌路是一个很小的街区。南昌路这条马路历史上曾经是一条河流,全长只有约 1.7 千米。去年法国学者来同济作"塞纳河与巴黎人之关系"的讲座时,我也讲过这样的观点:上海人对于河流的情感和巴黎人是完全不同的，并没有什么好印象。19 世纪末和 20 世纪初上海的工业化导致河流严重污染，上海两条最大的河流苏州河和黄浦江都遭到了大规模的破坏。苏州河臭气熏天，成为工业化最初的牺牲品，而黄浦江不仅沿江被很多工厂占据，成为主要排污口，而且江对面的浦东完全没有被开发。对于大部分上海人来说，浦东意味着未开发的前现代。上海人“宁要浦西一张床，不要浦东一间房”正是这种心态的反映，黄浦江成为文明的分界线。上海还有一条“臭名昭著”的河流叫肇嘉浜，就位于现在的肇嘉浜路。1949 年以后，政府填掉了这条臭水浜并在上面建设了绿地。上海市政府最近把黄浦江沿岸给贯通了，据说因此搬走了 3 000 多家企业。我去走了一下有些失望。因为黄浦江的水质并没有得到根本治理，走在滨江大道上没有获得愉悦感。所以对于水系的情感，譬如巴黎人对于塞纳河的情感，和上海人对于河流的情感是不同的。

南昌路这条路以前也是一条小河，后来被填平了。它的街道非常狭窄，宽度在 14～15 米。为什么人们走进南昌路后会自然而然地慢下来呢。这是因为南昌路的人行道更窄。有些地方只能通过一人。走在南昌路上，有时候需要停顿下来等候对面的行人通过。生活在南昌路有一个好处，就是可以认识很多人。你多走几次，差不多就都认识了。这对于加强人与人之间的沟通很有好处。

南昌路东边的尽头是重庆南路，西至襄阳南路，而现在南昌路的主要路段是陕西南路到雁荡路这一段。南昌路的路名是 1942 年由汪精卫政府命名的。南昌路由两条小马路合并而成。重庆南路到雁荡路这一段在 1942 年以前叫作陶而斐司路，是以一位法国将军的名字命名的。雁荡路到襄阳南路这一段叫作环龙路。环龙是法国飞行员的名字，他曾来上海作飞行表演，在表演时飞机突然失控，当时，他正好飞行在上海市区上空。环龙本来是可以跳伞逃生的，由于担心飞机坠落在中心城区会导致大量伤亡，所以就冒死把飞机开到了郊外。最终，自己和飞机一起坠落并献出了生命。为了纪念这位英勇的飞行员，当时的法租界当局就把这条路命名为环龙路。

三、南昌路何以成为一个高雅的趣味空间

那么，南昌路究竟在何种意义上可以被称为一个高雅趣味空间呢？理由

很多，我在此只呈现两点。首先从历史上看，南昌路一直背靠上海传统上最时尚的街区——淮海路。在我孩提时代，大部分人都知道，从淮海路出来的女孩子都是非常漂亮的。为什么漂亮呢，不是因为长得有多美丽，而是因为她很时尚。我记得小时候到亲戚家去玩，听说楼上的男孩因为找了一个淮海路的姑娘作女友而倍感骄傲。淮海路的姑娘本身就像是一个品牌，你找淮海路的姑娘是件令人羡慕的事情。其次，南昌路具有深厚的文化底蕴。南昌路街区的建筑类型十分丰富，因而可以吸引各色人等。20 世纪初，上海政界、商界、军界、文艺界、艺术界甚至黑社会老大等都云集在这里。革命家、年轻作家和艺术家经济上是拮据的，巴金、徐志摩、傅雷、徐悲鸿等文人和艺术家都曾居住在南昌路。他们虽然没有钱，却很愿意住在具有浓厚文化氛围的法租界。陈独秀等人搞革命也需要在当时的法租界区域内，但因缺乏活动资金很难在租金昂贵的法租界内生存。南昌路提供了这种可能性，因为那里有租金便宜的亭子间。20 世纪初，那里居住着一百多名后来成为中国社会中流砥柱的各界知名人士，孙中山、毛泽东、蒋介石这些政界风云人物，张学良、杨虎城等军界人士，还有像王晓籁、马占山这样的大佬。当然，徐志摩、傅雷、林风眠、徐悲鸿、巴金、赵丹等文艺界名人都曾经在这里留下过足迹。可以毫不夸张地说，南昌路是上海乃至中国近现代名人聚集最多的街区之一。

2015 年，我曾居住在南昌路进行了为期一年的田野调查。在我住所后窗户外触手可及的地方，以前就住着著名诗人、书法家沈伊默。我住所正南对面是林风眠故居。住在那里，常常会产生一种和历史对话的感觉，度过了一段特别幸福的时光。南昌路是一条很特别的街道。我询问了很多生活在南昌路很长时间的居民，都说这条路一百多年来几乎没发生什么改变，街道两边是茂密的梧桐树。我家下面就有一棵梧桐树，这棵梧桐树可以管三幢房子，非常大的百年大树，枝繁叶茂。我家窗户被掩映在这棵大树下。2015 年 8 月，我有生以来第一次看到梧桐树的第一片黄叶，理解了什么是一叶知秋。而那里的老式房子、老洋房，还有窄窄的小巷都十分迷人。

改革开放后，南昌路渐渐成为了一个趣味空间，街道两旁开始被一些精品店占领。去年，我曾带我的朋友、法国社会学家罗兰教授去逛南昌路，她看到这些精品店，便对我说这些商店的东西一定很贵吧。的确，里面的商品挺贵的。南昌路很清静，这里时装精品店和咖啡馆比较多，几乎没有酒吧，只有一两家清吧,类似于日本的居酒屋。下面通过图片简单展示一下作为趣味空间的南昌路。

图 2　南昌路街景

(朱伟珏/摄)

图 3　南昌路小酒吧

(朱伟珏/摄)

solo caffee 是位于南昌路上很有特色的一个小酒吧。我曾去那里做过三次田野调查。

图 4　iapm 环贸购物中心

(朱伟珏/摄)

图 5　窄窄的弄堂

(朱伟珏/摄)

陕西南路—襄阳南路这一段,原来是南昌路最差的路段,南昌路菜场曾在这里,现在这里却竖起了上海最高端的购物中心之一。

在南昌路上,有许多这样的小弄堂,穿越在这样的弄堂里,会产生一种时光停滞甚至倒流的感觉。

图 6　南昌路上有百年历史的老房子

（朱伟珏/摄）

图 7　上海科学会堂

（朱伟珏/摄）

上海法国总会原址。这里的每一块砖我都认识，因为我以前经常在里面玩。以前这里是一个很纯朴的地方，现在里面开了很多高级餐厅，不太容易进去了，中午餐比较便宜，两三百块钱。

（一）跨国特征和本土特征

作为先锋趣味空间的南昌路究竟是如何形成，又是由谁开辟的呢？显然，南昌路的趣味空间很大程度上是由资本、商品、信息和消费的全球流动性导致的，具有跨国特征。南昌路趣味空间的开辟者主要是国外年轻文化精英、设计师、传媒人、艺术家等。内城区的“高尚化”源自欧美发达国家，南昌路是这种流行的延续。欧美发达国家大都市的内城区早在20世纪后半叶已经被“绅士化”了，老城区的价值得到了重新发现。可以看出，很多地区空间的重构，背后都存在着资本的力量及信息等文化因素的驱动。具体到南昌路这样一个原法租界地区，由于南昌路地处老城区的中心区域，其经济和文化价值显而易见，自然而然成为欧美年轻文化精英和艺术家、设计师等文化先锋追捧的对象，并成为一个高尚的怀旧空间。

南昌路的趣味空间除了深受全球空间重构浪潮的影响之外，在很大程度上还遵循着某种本土逻辑。南昌路和新天地或田子坊不同。尤其是新天地，一开始就有外资大规模地介入，当地居民被全部迁走，重新改造成了一个趣味空间。正如新天地和田子坊这两个名字只是最近十几二十年间被创造出来的那样，在上海人的记忆中，新天地和田子坊并不是一个高雅的场所。当然，现在田子坊和新天地都成为了非常时尚的空间，也是一个高雅的休闲空间。同时，它也能成为一个怀旧空间，却无法成为高雅的怀旧空间，理由是那里以前并不是一个高尚区域，其中缺乏一种本土历史文脉的支撑。国外游客、外地游客在新天地或者田子坊会觉得那儿很上海很怀旧，但在我所认识的上海人中，大部分人对这两个新开辟的趣味空间都不太认同。说田子坊代表了老上海的高雅趣味，很多上海人是不会认同的。在老上海人的眼中，田子坊就是新城隍庙。

南昌路则不同。从一百多年前起，南昌路就是一个高尚住宅区。而且一百多年来，南昌路作为高尚街区基本保留了原来的风貌——老洋房，街旁参天的梧桐树，一切依然如故。加上它丰富的历史文化沉淀，这样的场所具备了老上海高雅怀旧空间的所有必备条件。南昌路的趣味空间既不是规划的产物，也没有资本的大规模介入。它是区位和历史因素自然形成的，而且至今没有被过度商业化，还保留着很多老上海的气息。总之，南昌路趣味空间的形成，是全球逻辑和本土逻辑共振的结果。

（二）作为时尚空间的南昌路

什么是时尚？时尚最狭义的定义就是指时装。广义的定义包含了风格、时尚、时髦、面貌、新面貌、狂热、流行、趋势、热衷等丰富的含义。为什么南昌路可以称之为时尚空间？根据我最新的田野考察，在南昌路短短的1 000米左右的核心路段（陕西南路—雁荡路）内，有105家（其中5家刚关闭，不包括弄堂内的时装店）精品时装店。这个数字多少让我有点吃惊，我原本以为南昌路的时装店大概在60～70家。南昌路的时装店绝大部分是女装店，占到90％以上。我去了一家同时经营男女时装的精品店，那里的营业员告诉我：他们店营业额的80％来自女装收入，男装只占20％。

南昌路的精品服装店通常定位于新奇、时尚、先锋、怀旧。销售的大部分商品由设计师自主设计、定制以及部分高端品牌的剪标商品。什么是剪标商品？譬如香奈儿的品牌时装，把商标剪掉后，以较为低廉的价格出售。下面来看看价格，我做了一个比较研究，发现南昌路时装的价格普遍低于上海高端百货商店和购物中心内的精品店，如高岛屋和同处于南昌路的iapm环贸购物中心内的精品店。iapm环贸购物中心地下1、2层出售的商品以年轻人为目标人群，价格比较便宜。

表1是南昌路时装精品店、高岛屋和iapm环贸购物中心羊毛大衣和羊绒衫的价格比较。我们可以发现：在iapm环贸购物中心内，品牌羊毛大衣(GUCCI)的价格大约为2.5万～3万元，非品牌羊毛大衣约为5 000～6 000元；高岛屋羊毛大衣的价格通常在5 000～6 000元；南昌路精品店羊毛大衣的价格约为2 000～3 000元，有些是由时装设计师自主设计的，款式和质量一点不次于高岛屋和环贸内的精品店，但价格却要便宜很多。所以，南昌路精品店其实是有价格优势的。再看一下羊绒衫(表1)，iapm环贸内不同品牌商店羊绒毛衣的价格差距很大，从1 000～6 000元不等；高岛屋非著名品牌店价格通常为1 000～3 000元；而南昌路羊绒毛衣的价格基本是1 500元上下，有些是时装设计师自主设计，也有一部分从外面进货，是不是含100%羊绒不好说。

表1　iapm环贸购物中心、高岛屋和南昌路时装精品店羊毛大衣、羊绒毛衣价格比较

	iapm环贸购物中心	高岛屋	南昌路时装精品店
羊毛大衣(价格)	25 000～30 000元(GUCCI)	5 000～6 000元(非世界知名品牌)	2 000～3 000(时装设计师自主设计)
羊绒毛衣(价格)	1 000～6 000元	1 000～3 000元(非世界知名品牌)	1 500元左右(时装设计师自主设计)

再看一下不同时尚空间的布置。南昌路时尚精品店的布置突出的是新奇、前卫、时尚和怀旧。南昌路的时尚符号同样具有跨国特征，如老街区、精品店、高级餐厅、咖啡馆、老家具商店等是内城区“绅士化”时尚空间的标配。可能这个提法稍稍有些过时，南昌路的时尚空间具有后现代特征。而另一方面，高岛屋及iapm环贸购物中心内时装精品店则以高端、正统、保守为主要特征，是一个现代空间(当然购物中心很多时候也被视为一个后消费空间)。iapm环贸内时装店的布置，采用的是大块的玻璃，宽敞整洁、很现代的感觉。高岛屋给人的感觉同样高大整洁，具有现代感。但是南昌路的时尚精品店通常空间狭小，都采用木地板、复古地砖，布置了很多怀旧的小装饰品，是一些既新奇又怀旧的空间。

图 8　南昌路时装精品店(一)

(朱伟珏/摄)

图 9　南昌路时装精品店(二)

(朱伟珏/摄)

图 10　南昌路时装精品店(三)

(朱伟珏/摄)

图 11　南昌路时装精品店(四)

(朱伟珏/摄)

图 12　iapm 环贸购物中心内部的 PRADA 旗舰店

(朱伟珏/摄)

南昌路时装店的经营者大都是一些文化精英，其中有上海电视台的造型师，有欧莱雅前销售总监，有年轻的时装设计师，还有一些韩国、新加坡和国内的小型时装企业。

谁是南昌路的消费主体呢？在国外，南昌路这样的时尚空间通常是年轻中产阶层常去的消费场所。但在南昌路，消费主体则是30～50多岁的中年中产阶层。说明南昌路的消费水准较高，普通年轻的中产阶层并不具备这样的经济实力。比较有钱的中年中产阶层才有能力在南昌路消费。虽然相比于高岛屋或iapm环贸购物中心内的精品店，南昌路商品的价格普遍比较便宜，但仍然不是普通中产阶层，尤其是年轻白领所能承受的。

但是，尽管南昌路精品店内商品价格普遍低于高岛屋和iapm环贸购物中心内的精品店，但这并不意味其时尚品位就低于这些高端百货商场和购物中心。事实上，二者同属于高雅趣味，很难区分高低。南昌路的商品尽管价格比较便宜，但更新锐、更时尚，需要更先锋的鉴赏力。也就是说，在这里文化资本弥补了经济实力的不足。

此外，在南昌路这样的时尚空间内，时尚界仍然处于被统治地位的年轻时尚生产者和经济实力较弱而文化资本较为丰厚的消费者形成的一种天然同盟关系中，时尚生产者向消费者提供新锐但相对较为低廉的商品，消费者积极传播和推广这些先锋商品并使其合法化。在此过程中，时尚生产者得到了承认，获得了合法地位，而消费者则摆脱了自己是富裕阶层穷亲戚的形象。（布迪厄《区分·上》，商务印书馆，2017年）

由于时间关系，最后简单讲讲时尚和建构社会身份与自我认同的关系。时尚并非仅仅具有阶级再生产功能，它同时也是行动者建构行动者社会身份和寻求自我认同的有效途径。返回南昌路，也是人们建构社会身份的一种途径。有关时尚与社会身份的关系研究最初由齐美尔和凡勃伦所开创。齐美尔指出，时尚是一种矛盾的社会现象，具有表达群体归属和建构身份认同的社会功能。作为时尚空间的南昌路，时髦、艺术、自由、大胆、怀旧、新奇，充满了矛盾的冲撞，时尚将这种对立的倾向完美地协调了起来。在这里，消费者一方面可以通过消费行为获得相同社会群体的归属感，另一方面又满足了对差异性、变化和个性的要求。

凡勃伦也强调了时尚对社会身份建构的重要作用："有闲绅士应当成为鉴赏家……培养审美能力是需要时间与实践的，因此，繁复的要求往往把绅士们的休闲生活变成了艰苦的学习过程。绅士在消费上必须毫不吝惜，同时，消费品还必须与身份相称。……举止文雅、维持教养的生活方式，是遵守炫耀性有闲和炫耀性消费准则的具体体现。”南昌路正是一个培养高雅趣味、建构都市中产阶层社会身份和地位的场所。都市中产阶层进入南昌路追随最新流行时尚、学习有品位的生活方式，并以此建构自己的社会身份和地位。

四、结论

南昌路首先是一个都市中产阶层的趣味空间。趣味生产者属于新兴上层阶层的都市文化精英，具体由新锐设计师、传媒人和中小企业主等构成。消费者主要是国外年轻精英和本土都市中产阶层。但必须指出的是，南昌路的本地居民是缺席的，被排除在这个趣味空间之外。他们无法进入这个空间，原因是他们的经济能力不允许他们在那儿消费。本地居民至多被当作一种怀旧景观而存在。南昌路还是一个建构自我认同与集体认同、消解现代线性时间观的防御空间。因为时间关系这部分内容完全没有展开，我将在以后的机会中着重介绍这部分的研究。

图书在版编目(CIP)数据

社会地理学评论.2021/朱伟珏主编.—上海：同济大学出版社，2022.3

ISBN 978-7-5608-9817-9

Ⅰ.①社… Ⅱ.①朱… Ⅲ.①社会地理学—文集 Ⅳ.①C912.8-53

中国版本图书馆 CIP 数据核字(2021)第 041252 号

社会地理学评论·2021

朱伟珏 **主编**

责任编辑 张 睿 **特约编辑** 丁会欣 **责任校对** 徐逢乔 **封面设计** 张 微

出版发行 同济大学出版社 www.tongjipress.com.cn

(地址：上海市四平路 1239 号 邮编：200092 电话：021-65985622)

经 销 全国各地新华书店

排 版 南京文脉图文设计制作有限公司

印 刷 常熟市华顺印刷有限公司

开 本 787 mm×1092 mm 1/16

印 张 12

字 数 240 000

版 次 2022 年 3 月第 1 版

印 次 2022 年 3 月第 1 次印刷

书 号 ISBN 978-7-5608-9817-9

定 价 68.00 元